生活 · 讀書 · 新知 三联书店

愿力的奇迹

马明博 著

修订版

图书在版编目（CIP）数据

愿力的奇迹／马明博著．—修订本．—北京：
生活·读书·新知三联书店，2018.4
ISBN 978 - 7 - 108 - 06114 - 0

Ⅰ.①愿…　Ⅱ.①马…　Ⅲ.①散文集－中国－当代
Ⅳ.① I267

中国版本图书馆 CIP 数据核字（2017）第 231109 号

责任编辑　唐明星　胡群英
装帧设计　康　健
责任校对　张　睿
责任印制　宋　家
出版发行　生活·讀書·新知 三联书店
　　　　　（北京市东城区美术馆东街 22 号　100010）
网　　址　www.sdxjpc.com
经　　销　新华书店
印　　刷　北京市松源印刷有限公司
版　　次　2018 年 4 月北京第 1 版
　　　　　2018 年 4 月北京第 1 次印刷
开　　本　880 毫米 × 1230 毫米　1/32　印张 9.25
字　　数　180 千字　图 71 幅
印　　数　0,001 - 8,000 册
定　　价　38.00 元
（印装查询：01064002715；邮购查询：01084010542）

推荐序

莫言

　　匆匆读了《愿力的奇迹》，感觉甚好。因马上去外地，无法作长序，寥寥数语，略示观感：

> 作者明博，久研佛禅，
> 感悟精邃，此书毕现；
> 游九华山，拜地藏王，
> 触景生情，落笔生花；
> 旁征博引，议论风发，
> 文如清溪，淙淙流淌；
> 娓娓道来，润物无声，
> 我读之后，如饮甘泉。
> 如此好书，值得推荐。

自序

佛法就是活法。

生活是一串由烦恼与痛苦串成的念珠，但你可以微笑着捻动它。

世间所有相遇，都是久别重逢。

有什么样的朋友，就有什么样的世界。

……

如果对这些说法感兴趣，请继续往下读。

马明博

目录

壹

在大覺寺醒來

01 缘来如此

车停下来，南泉睡眼惺忪，望着窗外："九华山在哪里？"

我问他："你看看，这儿哪里不是九华山？"

一句话，逗得几个人都笑起来。

苏东坡说："不识庐山真面目，只缘身在此山中。"你看，这世上，"不识庐山"者，大有人在。

一路峰回路转，过桥越溪，上坡下坡。就这样，不知不觉，车到大觉寺。

当家师宗学法师正在寺中经行。见我们下车，他双手合十，微笑着迎上来。

夜行的列车，自北京南下，一路奔行。轻轻摇晃的车厢，如同摇篮；昏暗的灯光下，同车厢者鼾声四起。我无眠，静静伏在铺上卧读。

对得阅读之趣的人，一本书就是一座花园。书中长长短短的篇章，是一丛丛的鲜花。旅途中有书读，人简直是携带着一座花园旅行。

漫步在这精神的花园中，夜深处，腿没有累，眼睛却倦了。我合上书本，揿灭灯盏。仰望着黝暗的车厢顶，听着窗外咔嗒咔嗒有序的行车

车停下来，南泉睡眼惺忪，望着窗外："九华山在哪里？"

我问他："你看看，这儿哪里不是九华山？"

一句话，逗得几个人都笑起来。

一路峰回路转，过桥越溪，上坡下坡。就这样，不知不觉，车到大觉寺。

声，渐渐步入梦乡。

清晨，在移动的床上醒来时，车已从燕北来到江南。窗外，远山近树，风物已异。而且，天空中飘着雨丝。

从枕边拿起昨夜没有读完的《小王子》，法国作家圣·埃克絮佩里的童话名著。打开这本与我同行的书，在扉页上，写下几行文字：

> 买了数年，一直未能细读。去九华山，在书架上寻书时，见到《小王子》，心中一动。遂放进行囊，请"小王子"与我同行。早晨醒来，车窗外果真在下雨。昨夜，好像在梦里见到了"小王子"。我欣喜地问他："你怎么到我梦中来了？""小王子"说："外面在下雨，我实在找不到躲雨的地方了。抱歉。"

车抵合肥。
穿过熙熙攘攘的人群，走出火车站，裤兜里的手机响了。
来接站的司机小王已在站前广场等候。

自合肥来九华，车行高速，一路平坦。两个小时后，车到九华山下，开始沿盘旋的山路，由低处向高处前进。

山路多弯，人在车中，摇来晃去，头有些晕。窗外，竹林青翠，远山层峦叠嶂，此刻人却没有了细看的心情。逼仄处，迎面而来的车辆，几乎是擦肩而过，平添了几分惊险。久居平原的人，乍见这阵势，心里多少有些紧张。

司机小王行惯了山路，神色悄然。我的同行者，小说家南泉、画家南溪，或许是昨夜都没睡好，此刻正在比试着鼾声，对窗外的事一片混沌。唯苦了我这个睡不着的清醒者，两个手掌心里，各握出一把汗水。

忽而，路又由高而低。车过九华街，行向后山。

在大觉寺客房，安顿好行囊，简单洗漱，洗却一路风尘，天已近晌午。

蹑步到寺右侧的平台，驻足放眼，远处近处，满目青山。近些的，青山原不动，白云任去来；再远些的，起伏的层峦叠嶂，形如中国水墨画中用大写意手法勾勒出的线条；更远处，山色一片深蓝；目光所及的边缘，云蒸霞蔚，苍茫的天地已分不出彼此。

远远传来汽车引擎声。一辆白色的雷克萨斯碾着散乱的石子颠簸着开过来，在我们身边停下。

梵音摇下车窗，摘下墨镜，探头窗外，微笑着和我们打招呼。

山寺清斋，山野菜、糙米饭，清清淡淡，佛家本味。

午斋后，梵音探问："你们是补个觉，还是跟我去转身洞看看？"

暮色幽蓝中，我们从转身洞回到大觉寺。此刻，天已完全黑了。南泉、南溪、梵音去吃晚饭，我有些疲惫，回屋上床，沉沉睡去。

整间客房，像一只用空的油漆桶，黑乎乎一片。一缕昏黄的灯光，透过窗帘上的洞，在墙面上投射出一圆浅浅的白。

门廊里的灯，不知道什么时候亮起来的。那圆浅白，像《八大山人画集》中的一串花鬘。那串花鬘，无依无傍，呈现在画纸中央。

此刻，我已醒来，但没有马上起身，依然静静地躺在床上。慢慢回想那串花鬘，十余朵含苞的小花，首尾相接，组成一个圆。每朵花，都像一张笑脸，在绽放喜悦的光芒。虽然十余朵花相依为伴，但整串花鬘却是孤独的。

这串花鬘，让人想起释迦佛宣说的"诸法缘起"。

在这个世界上，没有一件事物是孤立存在的。任何一个客观的存在，都有许多可见的、不可见的或可感的、不可感的因缘之线，将之与其他事物，千丝万缕地缠绕着，形成"因、缘、果"的亲密关系。如一粒树籽（因），依靠土地、阳光、雨露（缘），长成大树（果）；递进一下，大树被伐（因），工人加工为木材（缘），做成家具（果）……

此刻，我在大觉寺醒来，也是有因，有缘，有果。

一本书，一次阅读，一个推介，一次会晤，一个愿望，一次行旅……分开看，这些事既孤立又偶然；从缘起的角度看，却是因、缘、果递进着。这串有因有缘有果的花鬘，一路引领我，来到大觉寺。

人们常说："原来如此。"此时，对于在大觉寺醒来的我，却是"缘来如此"。

我从床上坐起身，让眼睛慢慢地适应房间里的黑暗。南泉、南溪床上，空空如也。

步出客房，室外夜色幽深。近处的山峰隐身在夜幕之下，默不作声。有风吹过四周的松林，树枝相接时传来细碎的摩擦声，像电影院暗处相邻而坐的情人在喁喁低语。

寺右侧，茶寮所在的平台上，孤灯独明。有五六个人围坐于石桌畔，饮茶夜话，不时爆出阵阵欢笑。

自转身洞回来时，寺中尚不见这些人。他们是谁？自哪里来？夜已深，他们为何不睡？南泉、南溪是否也在那里？

这些疑问，引领我穿过长廊，走了过去。

02 我们是彼此的灯

那时，梵音自称叫"梦"。

我的禅理散文集《一日沙门》出版时，编辑曾建议请名家作个推荐序。

要作序，须通读全书，才能言之有物。通读一本书，是要花时间的。我因为认识一些名家，所以知道，他们要参加这样那样的活动，日程表满满当当的，哪有时间通读一本书、静下心来写篇序呢？若碍于情面，名家安排助手代笔，序文往往更是无法挠到痒处；于我，用也为难，不用也为难。

最了解一本书的，莫过于作者。那就自序吧。

拿起这本书，是个偶然。

佛说：擦肩而过、看了你一眼的陌生人，在过去世，曾与你相处过500年。

与这本书相遇，又是个必然。

在此时，在此地，与这本书在一起，叫作"缘"。

　　（让我们）从现在到永远，都是无所依靠者的保护人、迷路人的向导、汪洋渡海人的船舶、过河人的桥、历险者的庇护殿堂、黑暗中人的明灯、流浪者的收容所，以及所有求助者随侍在侧的仆人……

这个缘，说明在无始以来的生死轮回中，我和你曾经相识、相知过。

今朝相遇，是久别重逢。

后来，读者梦在北京找到我，她的第一句话，就是"拿起这本书，是个偶然"。

春节期间，梦和三五好友从广州自驾车到九华山参访。在上禅堂，她遇到了宗学法师。对于信仰，她提出许多疑问，然而法师笑而不答。临别时，法师从书架上找出一本书递给她："看看这本《一日沙门》吧，答案都在里面。"

梦告诉我："这本书我已经看了两遍。"读这本书，让她警觉，在信仰上，她的确进入了误区。"过去的我，总是理不清生活的头绪。现在，我算是找到方向了，希望以后也不再迷失于物质世界的纷乱与嘈杂。我想找到你，因为今朝相遇，真的是久别重逢。"

"《一日沙门》就是我的灯盏，它照亮了我。请你继续写下去，让世间多一些充满营养的、能照亮人心灵的书。"

写作于我，一直是心灵的秘密修持。我也祈愿在释迦佛智慧的启迪下，我笔下的文字，能成为指向明月的手指，为行走在深沉夜幕下的人提供方便。他们抬起头来，便能因指见月，邂逅天心月圆的那一刻。

如果一本书能成为他人的灯盏，能为苦闷于暗夜的人送去光明，这不仅使阅读者获福，也使作者获福了。

梦，以及其他与我相遇的、未曾相遇的读者，你们，同样是我的灯盏。大家的认可、肯定与期待，对于迈步向前的我，同样是一盏盏渐次点亮的灯。

让我们互为灯盏吧!

就像一段祈祷词说的那样:

> （让我们）从现在到永远
>
> 都是无所依靠者的保护人
>
> 迷路人的向导
>
> 汪洋渡海人的船舶
>
> 过河人的桥
>
> 历险者的庇护殿堂
>
> 黑暗中人的明灯
>
> 流浪者的收容所
>
> 以及所有求助者
>
> 随侍在侧的仆人

"能找到你，是我的福报。你不知道，"梦说，"几年前，我身体不适到医院检查。看着诊断结果，医生直摇头，我一下子掉进绝望的罗网。那时，我没来由地想起菩萨。不知道为什么，我觉得观音菩萨离我最近；其实，我只是在电视剧《西游记》里见过她。我从心底呼唤观音菩萨的名字，希望她能护佑我。化疗时，看着病友们的秀美长发一根根掉光，我心里特别难过。我祈请菩萨，千万不要让我那样。后来，化疗时，我竟然一根头发都没掉！医生说，如果说有奇迹的话，这就是奇迹！"

说着，梦伸手抓起她的披肩长发，让我们看。

此时的梦，早已告别了大大小小的药瓶、各式各样的药片以及化疗。她活得开心、惬意，朝气蓬勃，充满欢喜。

站在我眼前的她，是"梦"非梦，更是一个行走着的奇迹。

梦说："我觉得，'梦'这个名字不是很好。"

"梦"这个字，用作名字，哪里不好呢？

这先要弄清，什么是梦。《佛学大辞典》解释说，睡眠时，人的意识中呈现出的、如现实生活一般真实的种种事相，称为梦。

对于梦，佛教的小乘、大乘看法、解释各异。小乘认为，梦境暗示着重大事件及转变；大乘认为，梦非实事，尽属妄见，并以梦比喻现象的虚妄不实。著名的例子，如《金刚经》中的"六如偈"："一切有为法，如梦幻泡影，如露亦如电，应作如是观。"

在佛法中，给事物命名，称为"安立假名"。大概的意思是说，事物本无名字，为了便于认知，人给它安上假定的一个名字。比如"富翁"二字，虽指有钱人，但如果用以称呼一个乞丐，他只有"富翁"之名，但无其实。因此，安立假名只是一种认知上的方便。

即便同一事物，由于众生心性各异，也会有多种不同的命名方式。比如茶杯，中国人叫"茶杯"，英国人叫"cup"，叫法虽异，事物不异。如果中国人、英国人只认为自己的叫法对，引发争执，则会带来烦恼。名字并不重要，就像莎士比亚说的那样，"你把玫瑰唤作其他的名字，它依然芬芳"。

三界唯心，万法唯识。既然不喜欢以"梦"为名，换一个也无妨。

梦说："我想叫个与观音菩萨有关系的名字，你帮我从佛经中找一个吧。"

听她说完，《妙法莲华经·观世音菩萨普门品》中的两句偈子"妙音观世音，梵音海潮音"，涌现在我脑海。

"那就叫'梵音'吧。"

"太好了！我从小就特别喜欢这个'梵'字。"梦兴奋地拍着手说。

品茶时，梦——噢，不，从现在起，她不再是"梦"，而是"梵音"——说起她在九华山的见闻。地藏菩萨留下的脚印，高僧不腐的肉身，天台顽皮的猴子，天然形成的石观音，绿意无边的闵园竹海，形似凤凰的古松，数不清的寺庵，传说中的金钱树，化城寺的晚钟，卷起千堆雪的云海，天然仰天大佛……

数年前，我随数位摄影家到黄山采风。听导游说，黄山与九华山仅隔一湖，我们又挤出时间，来访九华山。行色匆匆，走马观花，九华一日，看了月身宝殿、地藏禅寺，在九华街用过午饭，即匆匆下山离去。

初行九华，感觉像打了个瞌睡，还未入梦，人就醒了。

此刻，听梵音说起九华山，我的感觉是陌生的。再访九华的愿望，像一粒小小的种子，播撒进我的心田。这粒种子生出两瓣稚嫩的绿芽，像一只刚刚出壳的小鸟向这个世界张开了翅膀。其后，因缘和合，绿芽渐渐抽叶、开花、结果，我再朝九华的心愿随之成就。

此刻，我在大觉寺醒来。

03 月亮的味道

夜，静如太古，深似秋水，静水流深。自廊下至平台，这一段几十米的路，我清晰地听见了自己的心跳。

在大觉寺，即便陌生人之间，也没有篱笆，不必设防，更无须戴上假面具。走过去，坐下来，我自然成为品茶人中的一个。

两盏茶后，我抬起头打量夜色中的大觉寺。

大殿，不见了；大殿前的两块巨石，不见了；平台外爬满绿藤的土坡，不见了；大殿左侧的山坡，不见了；山坡上茂密的竹林，不见了；寺周满山遍野的绿草，不见了；寺院正对的如卧狮般的山峰，不见了；寺前深阔的龙溪河，不见了；此刻，也听不到龙溪的流水淙淙；偶尔数声秋蛩，风过松杉。

"还没睡醒啊？""怎么发起呆来了？"

南泉、南溪一人一句，笑着问我。

其余的四位品茶人，分别来自香港、杭州及广东东莞，她们是来还愿的。

来自杭州的女士讲，她以前做过妇科手术，医生讲她不会再怀孕。

　　悲欢离合的际遇，人寄情思于明月，抒发感怀。如李白把酒问月："今人不见古时月，今月曾经照古人。古人今人若流水，共看明月皆如此。"如张九龄望月怀远："海上生明月，天涯共此时。情人怨遥夜，竟夕起相思！"如苏轼中秋望月："暮云收尽溢清寒，银汉无声转玉盘。此生此夜不长好，明月明年何处看。"

　　世间的诗人望月，各言其志。出世间的僧人望月，则将月之宁静、空明视为佛性真如，将月之圆满视为佛法圆融。

前年偶来九华朝山，在菩萨面前默述心愿。回去后，过了数月，她身有不适，到医院检查，诊断为妊娠反应。去年生了宝宝，今年特地来感恩菩萨。分享过这份喜悦，她说："过几天，我还要陪朋友来。顺便把小孩儿带来给你们看。"

茶桌周围，两三只盘旋的萤火虫，听罢她的故事，朝万松深处，渐飞渐远。

南溪有些纳闷，悄声问我："听说过有送子观音，没听说过送子地藏，她说的这个是真的吗？"

我告诉他，在中国，人们认为观音可以送子。在日本，则是地藏送子的信仰更为流行。地藏菩萨作为儿童守护神，被日本的佛教信众虔诚供奉。地藏菩萨能护佑女人育子顺利、生产平安；能为未成年人（孩子们）提供护佑，让他们远离交通事故；也能帮助流产的或者夭折的孩子出离苦海。

南溪点着头，似懂非懂。

我补充说："依佛经说，诸佛通愿，就是令众生解除苦恼、获得利益。诸佛菩萨，为利益众生而来，他们愿众生得到幸福，从苦恼中获得解脱。因此，不仅观音可以送子，地藏可以送子，哪位菩萨都可以送子。"

"水是茶之母。"好水方能泡出好茶。这一主张，古代茶书多有论证。如宋徽宗赵佶《大观茶论》说"水以清轻甘洁为美"；陆羽在《茶经·五之煮》中指出"其水，用山水上，江水中，井水下。其山水，拣乳泉、石池漫流者上"。泡茶之水，上上者，为石钟乳岩滴下的泉水或经石头过滤的山泉水。

大觉寺的泡茶水，取自山泉，故而茶味清冽绵长，回甘也快。

所饮之茶，是陈年普洱。虽经多泡，依然有滋有味。

南泉、南溪，素来对茶无甚品评，他们不辨滋味，只要眼前杯中有茶，便端起一口囫囵吞下，如《西游记》中贪吃人参果的二师兄。

忽然，茶桌周围亮了许多。

不知不觉间，月亮已经爬上大觉寺背后的钵盂峰。此时，她露出半边脸，窥探着尚未沉睡的人间。

风过松杉，传来数声夜蛩。过了一会儿，从松杉深处，又传来几声孤零零的鸟鸣。

此时，大殿显现了，大殿前的两块巨石显现了，平台外爬满绿藤的土坡模糊地显现了，大殿左侧山坡显现了，山坡上的竹林显现了，寺周满山遍野的绿草也隐约闪烁明亮的月光，远处如卧狮的山峰更加形象，深阔的龙溪虽然依然不见，但它所在之地，轮廓显现了。

其实，一切都在。

方才看不到它们，是因为月亮没有出来。

我起身离开茶寮，在寺中漫步。无论走到哪里，都有明月相随。

眼前景，如孵化器，促使我成为诗人，随口吟出四句诗来：

> 萤入万松去，
> 月从盂峰来。
> 清光惊宿鸟，
> 幽人独徘徊。

在传统文化中，月亮象征着"圆满"。

悲欢离合的际遇，人寄情思于明月，抒发感怀。如李白把酒问月：

"今人不见古时月，今月曾经照古人。古人今人若流水，共看明月皆如此。"如张九龄望月怀远："海上生明月，天涯共此时。情人怨遥夜，竟夕起相思！"如苏轼中秋望月："暮云收尽溢清寒，银汉无声转玉盘。此生此夜不长好，明月明年何处看。"

世间的诗人望月，各言其志。出世间的僧人望月，则将月之宁静、空明视为佛性真如，将月之圆满视为佛法圆融。

天上只有一轮明月，地上望月的人却千千万万，对月亮寄托的情思也万万千千。如国学大家王国维在《人间词话》中所总结的，"以我观物，故物皆着我之色彩"。

大觉寺的月亮，让人想到《六祖坛经》中比丘尼无尽藏与六祖慧能的一段对话。

无尽藏对慧能禅师说："常言说'书读百遍，其义自见'。可我研读《涅槃经》多年，仍有许多不解之处，希望得到您的指教。"

慧能说："我不识字，请你把经读给我听，这样我就可以帮你解决那些问题了。"

无尽藏笑道："你连字都不认识，不知道《涅槃经》讲什么，又怎么帮我呢？"

慧能说："佛法真理，与文字无关。真理好像天上明月，文字只是指月的手指。手指可以指出明月的所在，但手指不是明月。你说是不是这个道理？"

于是，无尽藏把经文读给慧能，慧能听一句解释一句，困扰无尽藏的问题，就在这一读一解间，如积雪遇红日，渐渐融化。

天高月小，漫步途中，周遭一片寂静。黑黝黝的群山，偶尔风拂木叶，沙沙作响。

这份清凉的圆满，深入雪山修行的释迦佛、在九华山岩栖涧汲的地藏菩萨化身金乔觉，以及历代居山间住草庵修行的禅门祖师们，肯定都曾强烈地感受过。

月挂天心，露洗碧空，近山远山，深邃宁静，万籁俱寂，心境湛然。

世界上所有的月夜，各不相同。在大觉寺，我品尝到月亮的味道——光明、清凉、宁静、自足、柔和、平等。

这，也是大觉寺的味道。

山间夜凉，露水重，不宜长时间置身室外。树丛茂密处，渐渐一片黝黑，我折身往回走。

黑暗中，数只萤火虫，在眼前，一晃而过。

萤火虫，古人称为"流萤"。这个"流"字，用得贴切。像上游随河水流来的细碎花朵，在你眼前，倏忽而过，却不给你伸手把捉的机会。

黑暗里的微光，让人联想到太虚法师作词、弘一法师作曲的《三宝歌》。在颂扬释迦佛的功德时，太虚法师用了两个反问句："人天长夜，宇宙黯暗，谁启以光明？三界火宅，众苦煎迫，谁济以安宁？"

暗夜漫漫。眼前这些流动的灯盏，是否能照亮不眠者脚下的道路？

作家沱沱讲过一个有关萤火虫的童话。

黄昏时分，田野里发生了一件大事，一群萤火虫争吵了起来。

萤火虫的灯，无一例外，都挂在屁股上，只能给后面的照亮。如果领头飞，就要面对无边的黑暗。因此，准备夜行的萤火虫们，谁也不愿意排在第一位。

一只忠厚、老实的萤火虫，无言地排到了队伍的最前面。萤火虫们

萨苦王藏地

释迦佛坦诚地说，他是人类的普通一员，是觉醒者，是向导，而不是万能的神。他慈悲地指出，所有的人——你、我、他、她——我们中的任何一个，只要肯发愿、肯努力，都有觉醒的可能，都会成为他人的灯。

有人说，所谓大人物，会使他人感觉到自己渺小；真正的大人物，则会使他人感觉到自己伟大。

释迦佛显然属于后者。

开始夜航。

夜色中，一只名叫绿翅的昆虫正无助地飞行着，忽然看到一队闪亮的萤火虫飞过来，它赶紧凑过来，排在队伍的最后。

前面有灯盏，为自己照亮前方的道路，绿翅飞得更安心了。因此，跟在萤火虫队伍后面的绿翅，对这支队伍心怀感激。

它大声地对前面的萤火虫说："谢谢你，为我照亮前方的道路。"

前面的萤火虫没搭理它。

绿翅再一次大声地说："谢谢你，为我照亮前方的道路！"

"吵什么吵，我正烦着呢！"

绿翅吃了一惊："对不起，我只是想把我的感激告诉你。"

"你的感激跟我有关系吗？"

绿翅说："当然有关系。对别人心存感激，我一定要大声说出来。还有，无论你是否接受我的感激，因为心中有这份感激，我已经体会到了幸福。"

"嗯，你说得好像有道理。看来我也应该做些什么。"

绿翅说："那你也试着去感激前面的灯盏吧。"

"好，我也试试……谢谢你，为我……不好意思，我不太习惯表达……"

绿翅说："感激要从心里涌出来。"

前面的萤火虫试了一下，它也大声地说出了心中的感激。

……

后来，整个萤火虫队伍充满了感激的声音。

听着身后接连不断的感激声，领头的萤火虫飞得更专心。它心里涌动着更大的责任感，眼前的黑夜，已经不再那么可怕了……

在九华山，在大觉寺，在月夜下，我忽然觉得，释迦佛如同这则童话中那只自愿排到队首的萤火虫。面对无明的黑暗，他化身为灯，为人们照亮前方的道路，引领大家突破生死轮回。

释迦佛说："要接受我的教诲，首先要明白我的立场。"他点燃心灯，照亮人们脚下的道路，希望大家跟他一起做，而不是站在一旁看；他鼓励人们去实践、去重新发现存在着的真理，而不是简单地相信。

对于人生，释迦佛希望人们能够"如实知自心"，既不必不可救药地悲观，也不必盲目地乐观。只有这样，才能找到通往自由、和平、宁静与快乐的途径。释迦佛提醒人们，痛苦在世间客观存在着，痛苦也是可以止息的；因为产生痛苦的根源，在于人们对世间事物太过于执着。

释迦佛还告诉人们，和他一样走在解脱道路上的僧侣，是大家的同行者与向导。

释迦佛坦诚地说，他是人类的普通一员，是觉醒者，是向导，而不是万能的神。他慈悲地指出，所有的人——你、我、他、她——我们中的任何一个，只要肯发愿、肯努力，都有觉醒的可能，都会成为他人的灯。

有人说，所谓大人物，会使他人感觉到自己渺小；真正的大人物，则会使他人感觉到自己伟大。

释迦佛显然属于后者。

想着这一切，我对释迦佛充满了感激："谢谢你，为我照亮前方的道路。"

途经平台，茶会已然结束。

灯熄，人去，月亮地里，空余石桌石凳。

头顶上的月亮，已经完整地跃出峰顶，微笑着注视人间，照亮我脚下的道路。

我也要去睡了，明天，我的九华之旅，将渐次展开。

暗夜中飞舞着的萤火虫，明天见；为我照亮道路的月亮，明天见；崔嵬挺拔的钵盂峰，明天见；把梦境送给宿鸟的松杉，明天见；容我栖息身心的九华山，明天见！

贰

灵山九华

01 大地的莲花

以前，读明代散文家张岱的《湖心亭看雪》，感佩他的想象力，真是妙不可言。

> 崇祯五年十二月，余住西湖。大雪三日，湖中人鸟声俱绝。是日，更定矣，余挐一小舟，拥毳衣炉火，独往湖心亭看雪。雾凇沆砀，天与云与山与水，上下一白；湖上影子，惟长堤一痕、湖心亭一点与余舟一芥、舟中人两三粒而已。到亭上，有两人铺毡对坐，一童子烧酒，炉正沸。见余，大喜，曰："湖中焉得更有此人！"拉余同饮。余强饮三大白而别。问其姓氏，是金陵人，客此。及下船，舟子喃喃曰："莫说相公痴，更有痴似相公者。"

先不说文境，就这"一痕、一点、一芥、两三粒"，以小写大的手法，足令人为之倾倒，为之赞叹。

后来，读佛经，接触到更为超绝的奇妙想象。

很多人知道爱因斯坦提出了"相对论"，但知道释迦佛早在两千多年前就已提出"相对论"的，为数甚少。

如"一花一世界"，在一朵花里，你可以看到一个完整的世界。如"纳须弥于芥子"，一粒小小的芥菜籽，可以把须弥山完整地囊括——须弥山是佛经中所说的一个小世界的中心，人类生活的地球，相对于须弥山来说，只有一粒小石子那般大。如"纳大海于牛迹"，牛走过泥地时留下的蹄迹，可以容盛大海之水。如"于一毫端现宝王刹"，在一根毫毛的尖上，显现出佛世界的庄严。

仔细品哑，可约略领会释迦佛眼中世界的美妙。

　　释迦佛提出的"相对论"是什么样子？如"一花一世界"，从"诸法从缘起"的角度来看，在一朵花里，你可以看到一个完整的世界。如"纳须弥于芥子"，从"一即一切，一切即一"的角度看，一粒小小的芥菜籽，可以把须弥山完整地囊括——须弥山是佛经中所说的一个小世界的中心，人类生活的地球，相对于须弥山来说，只有一粒小石子那般大。如"纳大海于牛迹"，牛走过泥地时留下的蹄迹，可以容盛大海之水。如"于一毫端现宝王刹"，在一根毫毛的尖上，显现出佛世界的庄严。如在藕的一只孔眼中，竟然躲藏着阿修罗王和他的八万四千眷属，等等。

　　仔细品咂，可从中约略领会释迦佛眼中世界的美妙。

　　在这样的机缘中，如果偶然间打开心眼，人对世界认知的维度，也许从此变得奇妙瑰丽！

　　此刻，在九华山水间，我们一行数人，像几只勤快的小蚂蚁，在这朵大地莲花舒展的脉络间，愉悦地行走着。

　　在宇航员拍摄的太空照片上，地球，只是一个小小的、蔚蓝色的星球，蓝得晶莹、剔透、美丽，又很脆弱，仿佛伸出手指轻轻一触，它就会像肥皂泡一样被撞破。

　　难以置信，这个蔚蓝色的星球，就是人类的家园。我们七十多亿人，生活在这个星球之上的几片狭小陆地上，四周被一片巨大的、蔚蓝色的海水包围着。

　　这是个会行走的星球，它围绕太阳片刻不停地转动着；太阳又带着它在银河系中漂泊着；银河系又在茫无际涯的宇宙中漂泊着……

　　浩瀚星云中，地球充其量算是一叶孤舟。人类——无论在肤色、种族、语言、文化、信仰、生活习惯上有着什么样的区别——连同其他动物和植物，都是这叶孤舟上的乘客。

在这条船上，我们经常见到有人起身，拿一把凿子，在他的座位下凿洞。

有人问："你在干什么啊？"

那人说："我想凿个洞。"

"这样做，会毁了大家！"

"我在自己的座位下凿洞，跟你们有关系吗？"

短视者如此，奈何奈何？目光深远如诗仙李白者，看到的则是另外一番景象。

唐天宝八年初冬，李白第一次到安徽秋浦。县令、诗友韦权舆（字仲堪）接待了他。其后，二人结伴，前往秋浦石门桃花坞，访寻到隐居的诗人高霁。三人相约同登九子山。

进山途中，诗人一行受到当地长者夏侯回的盛情款待。

饮宴中，坐眺九子山雪景雄姿，三人赋诗联句，成《改九子山为九华山联句》。

> 妙有分二气，灵山开九华。（李白）
> 层标遏迟日，半壁明朝霞。（高霁）
> 积雪曜阴壑，飞流喷阳崖。（韦权舆）
> 青荧玉树色，缥缈羽人家。（李白）

李白乘兴为诗写下前序："青阳县南有九子山，山高数千丈，上有九峰如莲华。按图征名，无所依据。太史公南游，略而不书。事绝古老之口，复阙名贤之纪。虽灵仙往复，而赋咏罕闻。予削其旧号，加以九华之目。时访道江、汉，憩于夏侯回之堂，开檐岸帻，坐眺松雪，因与二三子联句，传之将来。"

其后，李白又作《望九华赠青阳韦仲堪》诗："昔在九江上，遥望九华峰。天河挂绿水，秀出九芙蓉。我欲一挥手，谁人可相从？君为东道主，于此卧云松。"

昔日九子，今朝九华。诗仙为九华山"定名"。

从此，灵山开九华，秀出九芙蓉。

——芙蓉，莲花的异名。

诗仙眼中的九华，乃是在大地某一处、悄然盛开的九朵硕大莲花。

"九华之峰似青莲，九华之号本谪仙。谪仙亦有青莲号，山耶人耶可并传。"清代安徽巡抚赵国麟作《九华歌》，略记九华山与诗仙李白的甚深因缘。

李白以诗为九华山命名，九华山水之美，亦令他留恋。自唐天宝八年至上元二年（749—761年），12年间，李白"三上九华，五游秋浦"。李白在九华山留下的足迹，为这朵大地的莲花，添加了一道熠熠闪光的文化叶脉。

至今，在九华山中，仍存有不少与诗仙李白有关的旧迹。

九华街上有太白书堂旧址，堂侧两株银杏，相传为李白手栽，郁郁葱葱，峙立至今。相传，李白当年曾于东崖西麓、龙女泉畔筑室而居。他于此伏案读书，或吟哦诗作，或醉书连篇，或临窗迎风，或醉月迟眠，或枕流溪畔，或登山舒啸……

神光岭下，上禅堂内，有前人题刻"金沙泉"。"金沙泉"三个大字，相传为李白的手迹。其字肥厚圆润，笔力遒劲，确有唐人神韵。又传，李白曾于此泉洗砚，故此泉积水处，又名"太白洗砚池"。泉畔有一株金钱柳，也与李白相关。相传，李白策杖游山归来，将挂着铜钱的

　　王阳明深爱九华，还俨然以山中主人的
口吻说："何人不道九华奇，奇中之奇人未
知。"他甚至觉得诗仙李白赞美九华的诗过于
"潦草"，说"从来题诗李白好，渠于此山亦
潦草"，不能尽述九华"奇中之奇"的妙境。

手杖插到地上，不料随之生根发芽，长成了"金钱柳"。

在山中游历的李白，登白笴陂而长啸，留下"太白长啸处"；容他醉眠的岩穴石壁上，至今仍有"太白石床"。此两处的题刻，出自晚唐诗人杜牧之手。

当年，李白从青阳上山登天柱峰，一路上，松云入画，烟雨迷漫，美不胜收。其后，李白在宣城敬亭山见到高僧会公，二人畅谈时，他依然对九华胜景赞不绝口，并相期与会公同游。因李白雅号"谪仙人"，因此九华山的天柱峰，又有"天柱仙踪"之景。

李白览胜九华时，地藏菩萨化身的金乔觉也在山中（757—794年）。但没有史料记载，他们曾迎面走来，相遇相识。如果他们相遇，会是怎样的景象——是诗仙醉眼中出现了一位沉默的和尚，还是和尚法眼中走来了一位放浪的诗仙？

"诗仙"李白的背影，渐渐隐入史册深处。

此时，诗人刘禹锡走上山来。

> 山不在高，有仙则名；水不在深，有龙则灵。斯是陋室，惟吾德馨。苔痕上阶绿，草色入帘青。谈笑有鸿儒，往来无白丁。可以调素琴，阅金经。无丝竹之乱耳，无案牍之劳形。南阳诸葛庐，西蜀子云亭。孔子云："何陋之有？"

刘禹锡的《陋室铭》，千古传诵，有口皆碑。

唐诗史上，星汉灿烂。李白名"诗仙"，杜甫名"诗圣"，王维名"诗佛"，李贺名"诗鬼"，刘禹锡名"诗豪"。

长庆四年（824 年）八月，刘禹锡由夔州（今重庆市奉节）调和州（今安徽和县）任刺史。途中，他游览九华山，作《九华山歌》。

奇峰一见惊魂魄，意想洪炉始开辟。疑是九龙夭矫欲攀天，忽逢霹雳一声化为石。不然何至今，悠悠亿万年，气势不死如腾虬。云含幽兮月添冷，日凝晖兮江漾影。结根不得要路津，迥秀长在无人境。轩皇封禅登云亭，大禹会稽临东溟。乘槎不来广乐绝，独与猿鸟愁青荧。君不见，敬亭之山广索漠，兀如断岸无棱角。宣城谢守一首诗，遂使名声齐五岳。九华山，九华山，自是造化一尤物，焉能籍甚乎人间！（录自《全唐诗》卷356）

知道《陋室铭》的人多，知道《九华山歌》的人少。《九华山歌》一扫《陋室铭》的平淡恬静，将诗人的豪气喷薄而出。

刘禹锡说，原来以为，天下的山水没有比华山更雄伟、比荆山更秀丽的了。看到"九峰竞秀，神采奇异"的九华之后，他后悔结论下得太早了。九华地处偏远之地，不为世人所知，因此被称道得少。现在，他要为九华作歌，以便更多的人了解她。

明弘治十五年（1502年），心学大儒王阳明的身影出现在九华。

他冒雨沿着羊肠小道涉险寻幽，探奇览胜，畅游化城寺、太白书堂，观赏东岩、天台等奇景，留下不少诗文。"掬水洗双眼，披云看九华""岩头金佛国，树梢谪仙家"，这些诗句，记其行履。

在九华山，王阳明结识了不少僧人。化城寺西，长生庵内，有位实庵和尚，学识渊博。王阳明与他一见如故，为其画像作赞："从来不见光闪闪气象，也不知圆陀陀模样，翠竹黄花，说什么蓬莱方丈，看那九华山地藏王好儿孙，又生个实庵和尚。噫！那些妙处？丹青莫状。"俏皮的文字，妙趣横生，可见王阳明与实庵和尚友情之深。

天台峰下有地藏洞，洞中有位异僧，"坐卧松毛，不火食"。王阳明来访时，僧正熟睡。有顷，僧醒惊问："路险，何得至此？"两人畅谈佛教大乘教义，相见恨晚。

18 年后，正德十五年（1520 年），王阳明重游九华山。在弟子柯乔、江学曾、施宗道的陪同下，王阳明尽览九华奇山秀水。

此时，大地回春，桃花盛开，细雨霏微。王阳明朝礼化城寺，重访太白书堂，登天柱、九子、莲花等远近诸峰，掬取清冽的金沙泉水，饮尝钵盂峰顶的朝露。游东崖时，王阳明以地藏化身之一的金乔觉为榜样，在峰顶巨岩上端坐，咏诗"尽日岩头坐落花"，作遗世独立之状，使"晏坐岩"广为流传。东崖"飞身处""云舫"等题刻，系王阳明手笔。

王阳明深爱九华，还俨然以山中主人的口吻说："何人不道九华奇，奇中之奇人未知。"他甚至觉得诗仙李白赞美九华的诗过于"潦草"，说"从来题诗李白好，渠于此山亦潦草"，不能尽述九华"奇中之奇"的妙境。

再登天台峰，重访地藏洞，王阳明却未能与昔日交心的异僧相遇，他深深感慨"会心人远空遗洞"。

元代文宗皇帝途经九华山时，未入山游览，他立马五溪桥上，作《道中望九华》云："昔年曾见《九华图》，为问江南有也无？今日五溪桥上见，画师犹自欠工夫。"

诗人们历久弥新的诗句，如同莲花瓣上滚动的晶莹露珠，折射着九华之美。

天地之大美，只向有耐心的人展示。无论来者是普通人，还是帝王、诗仙、诗豪、大儒，如无耐心，只能与之擦肩而过。

03 灵山一会，俨然未散

说到灵山，先要把话题扯到古印度。

灵山，是灵鹫山的简称，佛经中称为耆阇崛山，位于古印度摩揭陀国。20世纪，英国考古学家康林罕据《大唐西域记》《法显传》等典籍的记载推定，灵山位于今印度比哈尔邦的拉杰吉尔一带。

佛教史大名鼎鼎的灵山，其实并不起眼，只是一座高不过数百米的黑色山峰，无繁花密树，只点缀着一些低矮的杂树，岩石裸露。因山顶矗立的巨石形似鹫鹰的头，故得名。

相传，释迦佛游化印度各国时，经常出入摩揭陀国。在国都王舍城外的灵山，释迦佛居留了近五十年。《大般若经》《法华经》《无量义经》《佛说法华三昧经》《心经》等重要的大乘经典，都是在此宣说的；禅门"拈花微笑"的公案，亦源流于此。

灵山上遗存着很多石窟，据考证是当年追随释迦佛来到此处修行的僧众生活的地方。释迦佛逝世后，弟子们在此举行了第一次佛典结集。

中国古代高僧法显、玄奘、义净都曾来此参拜，并做详细记录。这些记游文字，成为今日印度佛教史迹考证的重要依据。

去天台峰途中，经过观音峰上院，其寺后平台左侧，有九华奇峰之一飞来观音石。"石观音"面庞圆润，身躯微挺，衣袂飘飘，正面向东北，凌风而行。

科学家认为，如果人类能够发明超光速的飞行物，那么几千年前发生的事，均能够一一重现。当然，这仅仅是纸上的理论，目前，还没有哪个科学家着手发明这样的飞行器。

隋代高僧智者大师，一日诵《法华经》至"药王菩萨品"，随文进入禅定之境。昔时释迦佛在灵山说法的情景，在他眼前一一显现，就像今天的人看电影、电视一样。出定后，他感慨道："灵山一会，俨然未散。"

遥远的灵山，不只呈现在智者大师眼前，更呈现在他心里。

如禅门诗偈所说："佛在灵山莫远求，灵山只在尔心头。人人有座灵山塔，好向灵山塔下修。"

佛在心中，即心即佛；离心觅佛，非心非佛。因此，释迦佛说："如人见性，则如见佛。"

如果能彻见自己的佛性，不再执着于所见的事相时，即如置身释迦佛说法的灵山会上。如果能悟到这一点，也会随之明白什么是"灵山非遥，西天咫尺"，更无须远赴西天，到印度去寻访灵山了。

灵山就在每个人心头。既然悟到了这一点，那么人间的哪一座山不是灵山？眼前的九华，何尝不是释迦佛说法的圣境？

《高僧传》载"生公说法，顽石点头"的公案。

高僧竺道生因倡导"众生皆得成佛"，为当时的教界所排挤，他只好隐入虎丘，每日对顽石讲经说法。有一日，樵夫路过时，恰见竺道生问群石："众生皆有佛性，我所说，契于佛心否？"群石一致点头。樵夫看得目瞪口呆。

一块块冷冰冰的石头都有佛性，更何况一躯躯有血有肉的人？

灵山九华，蕴藏神奇！

从百岁宫的索道站走出来，站在一新建平台上，遥望对面的山峰，入目赫然一尊天然仰天大佛。慈祥仰卧的大佛，位于花台景区，头枕天台群峰，以大、小花台为佛身，面对蓝天，"鼻梁"高耸，"喉结"突出，"睫毛"清晰可见。这一景观发现于1999年，当时曾引起不小的轰动。

无独有偶。在九华小花台景区通往下闵园的石阶道旁、宝塔峰西，有一尊天然石佛，脸部轮廓分明。此石又名地藏石。这天然的地藏菩萨，任身外世间风起云涌，他深入禅境，如如不动。

去天台峰途中，经过观音峰上院，其寺后平台左侧，有九华奇峰之一飞来观音石。"石观音"面庞圆润，身躯微挺，衣袂飘飘，正面向东北，凌风而行。

九华山上，其他的奇景，如十王峰西的"木鱼石"、钵盂峰的"石佛"、中莲花峰的"罗汉晒肚皮"、南蜡烛峰的"猴子拜观音"等，均惟妙惟肖，耐人寻味。

参禅多年的苏轼，曾在庐山东林寺借住数日。眼前的山水，激发出他的感悟，遂作诗云："溪声尽是广长舌，山色无非清净身。夜来八万四千偈，他日如何举似人？"

——潺潺的溪流声，如同佛陀以广长舌宣扬妙法；青郁的山岚，仿佛佛陀清净的法身。世间的一切事相，都是人进入佛境的门扉，如同释迦宣说的八万四千法门，如果没有人来用心体会，这又如何对人说出呢？

从这首诗看，东坡居士是有悟境的。但诸佛妙智，非关文字。

后来，证悟禅师参访庵元禅师，谈及这首诗，赞叹说："这是不易到达的境地！"

庵元不以为然："这种说法，连路都没有看到，何达境地呢？"

"溪声尽是广长舌，山色无非清净身。若不是已到了那种境界，如何有这个消息？"

"门外汉而已。"

"和尚慈悲，可为指破？"

庵元说："那你就从这里用心参吧！"

证悟听了，一片茫然。他整夜深思，无法入睡。不知不觉，天光放亮，寺中晨钟敲响。钟声入耳，证悟恍然醒觉，疑云顿散。

他找到庵元禅师，说："东坡居士太饶舌，声色关中欲透身；溪若是声山是色，无山无水好愁人？"

庵元说："我跟你说过的，他是门外汉嘛！"

证悟与东坡见到的，各是怎样的风景？今天的你我，已无法向这二位请教。

身在九华，且来用心听听时时作响的幽冥钟吧。既然证悟禅师能被晨钟敲开心扉，我们也可借九华钟声，来观照自己的心。

或许不经意间，钟声入耳，"灵山一会，俨然未散"的场景，也呈现眼前。

　　九华街上，人群熙熙攘攘。这些自四面八方而来的香客，途中虽历尽艰辛，但他们却不以之为苦。

　　佛香处处、梵音处处的九华街，如同地藏菩萨平摊开的手掌，撑托着这些行走的身体、心灵。

　　九华街上，民居与寺院杂糅在一起。九华寺院之多之散，非他处所能见。在九华山，佛地的庄严与俗世的喧嚣，互为邻里，漫步街上，走几步，眼前的一片民居间，就出现一座或大或小的寺院。每座寺院，都有专属于它的许多故事。行走在九华街上，如同行走在一部长篇小说的字里行间。庄严不可思议的肉身，遥远而清晰的传说，以及身边行走的人，均以地藏菩萨的大愿为背景。

　　九华街上，有迎面走来的灰衲、黄袍的僧尼，有擦肩而过的陌生人，有朝你张望了一眼的摆摊者，有和你一样背着行囊的香客，有用扁担挑着两担货物的挑夫，有不戴头盔骑摩托车兜风的人，有手伸出车窗夹着支烟的出租车司机，有慢悠悠信步闲逛的年轻人，有不时向路过者伸出手掌的乞讨者……

　　这些人，走在同一条路上，但却有各自的朝圣路，因为不同的人有

　　眼前的乞讨者，或衣衫褴褛，或白发苍苍，或拖着残肢，或视力有障碍，但佛性于他于你于我，却没有丁点儿的不一样。更何况，在伸手乞讨的人群中，或许还站着地藏菩萨呢。所以，别把手塞在衣兜里了，平等、欢喜地布施吧，哪怕一个微笑、一句祝福。

着不同的方向。

看到乞讨者，如果有零钱，就掏一块给他。不要因为给得少就不好意思掏出来，即便一毛，对于真正无力生活的乞讨者，他们也会心怀感恩。如果没有零钱，就对乞讨者微笑一下，双手合十说一声"阿弥陀佛"，真诚地送上一句祝福，也没什么不妥。在《妙法莲华经》中，闻听释迦佛说"众生都将成佛"后，常不轻菩萨依教奉行，顶礼每位遇到的众生。因为在他眼里，众生都是未来的佛陀。

眼前的乞讨者，或衣衫褴褛，或白发苍苍，或拖着残肢，或视力有障碍，但佛性于他于你于我，却没有丁点儿的不一样。更何况，在伸手乞讨的人群中，或许还站着地藏菩萨呢。所以，别把手塞在衣兜里了，平等、欢喜地布施吧，哪怕一个微笑、一句祝福。

布施这个行为，是最特殊的使用金钱的方式。从心而生的布施，从不以数量排等级。无论数目多少，钱从来没有这样远离欲望，饱含深情。如果你在布施时心无所求，那更是最珍贵的心灵教育。

能够施与的人和乞求者一起深深体会着慈悲的味道。慈悲不会让你孤立，而是让你与这个世界紧密相连。

九华街上，有家"益西加措"书店。在店里，我买了份九华地图。看着地图上标示出的风景区及旅游路线，未来几天的行程，渐渐清晰起来。

在各自的朝圣路上，每个人都需要拥有一张清晰的路线图。"无常""苦""空""无我"，这些世间存在的真理，是释迦佛设置好的路标。

生有时，死有时；耕种有时，收获有时；拆毁有时，建造有时；哭有时，笑有时；拥抱有时，分别有时；寻找有时，失落有时；保存有时，舍弃有时；撕裂有时，缝补有时；静默有时，言语有时；喜爱有时，憎恶有时……

朝圣路与人生路并非两条。不同的是，朝圣路上有一盏盏的路灯，驱散了我们在生活之路上遭遇的黑暗。

行走在时高时低的九华街上，南泉脚步轻快，南溪却有些累了，他放慢了脚步，说："山路就是不如平原的路好走。"

我笑笑，没有答话。

既然选择了来朝山，无论路是坎坷的，还是平坦的，都要接受它。贪图舒适与厌恶不适，虽然感受截然不同，其实不过是一体两面而已，无非是心的分别与取舍。面对这些不同的情绪，我们能做的，就是按照释迦佛的教导，深入观照身体的感受以及感受所带来的反应，平等地接受它们，而不做出偏向于任何一方的选择。能这样做，哪怕是片刻，我们也已经在各自的朝圣路上向前迈了一步。

南溪终于走不动了，他坐在路边的台阶上，喘气歇息。我与南泉放慢脚步，等他追上来。

《小王子》的作者圣·埃克絮佩里说："大地对我的教育，胜过所有的书本。"眼前的人群、村落、寺院、山路，让我觉得，在大地——这本伟大的教科书中，灵山九华是精彩的一章。

脚下的路，要靠自己的脚来走；如同人要活着，就要自己来呼吸一样。生命中的某些事，细微到吃饭、睡觉，是没法让别人来代替的。

觉悟到这一点，脚下的道路，仿佛是释迦佛铺设的一样。说来惭愧，多年来，我缓慢地学习佛教经典，却没能找到可靠的入手处。此刻，我的心却被深深地唤醒了。

如果不为自己努力，我们靠谁？如果只为自己努力，我们又成了什么？如果现在还不明白，我们何时才能明白？

我再也感觉不到经典的艰涩。如同饮茶后的回甘，此刻，如果要我说出什么，我想说："过去的路上，我曾背负重石，步履蹒跚；现在，我要用这些石头，去构建那座肉眼看不见的殿堂。"

我所要做的，借用诺贝尔文学奖得主、波兰大诗人米沃什的诗句，就是"……我仅于眼前所是的一切中安顿……"，因为对于眼前的一切，我已经明白，"……它不会更好，也不会更糟"。

南泉停下来，站在路旁，喊了南溪两声。

我回头看时，南溪已从台阶上起身，正朝我们缓缓走来。

05 柯村一笑

　　来时路上浑浑噩噩，路过山脚下的柯村时，我没有留意道路左侧、两座山峰之间的谷地，正在施工的大愿文化苑及99米高的地藏菩萨大铜像。

　　在大觉寺，和宗学法师交流时，他说："你问起这件事，也是有缘。大觉寺和地藏铜像因缘甚深。大觉寺所在的钵盂峰，是地藏菩萨铜像最早的筹建地。因缘际会，后来决定将地藏菩萨铜像迁至柯村。"

　　午餐前，宗学法师带我们进山，去看弃用的地藏铜像奠基石。

　　1999年9月9日，钵盂峰下，高僧云集，为99米高的地藏菩萨铜像举行了奠基仪式。据仪式出席者、重庆慈云寺惟贤长老说："这一天，风和日丽，阳光普照，上午9点，奠基仪式开始时，一大群喜燕由钵盂峰向南飞行。据当地百姓反映，九华山三年来一只燕儿不曾见。这天喜燕南飞，这不是吉祥的瑞兆吗？"

　　据说，地藏铜像的工程，需要五亿元人民币。奠基时，募集到的资金不到五分之一。工程这么大，需要补的窟窿这么大，能行吗？惟贤长老因有疑虑，特向筹建铜像的九华山祇园寺方丈、九华山佛教协会会长仁德法师请教。

　　地藏菩萨的造像是巨大的，但出现在他眼里的每一位众生，并非渺小的。他希望人们珍惜生命中的每一个当下，做到心中有佛、言中有佛、行中有佛，而不是一味地顶礼膜拜外在的佛菩萨造像。因为在时光的恒河里，人的生命长度，不过是须臾而过的一粒流沙。把握好每个当下，才是最可靠的修行。

仁德法师泰然说："地藏菩萨的愿力，那么宏大，这算什么？有愿必成。我相信能按预期建起来！"

法师语气坚定有力。

2001年8月23日，仁德长老溘然圆寂。

我来九华，晚了数年，无缘得见仁德法师智慧德相，只能从有关书籍及照片，领略他的风采。

照片上的仁德法师，高高的身材，清雅的面容，穿着一件土黄色的僧服，神态安详。据了解，他一生俭朴，衣只有二身土黄长衫，一薄一厚，分冬夏二季用；一身杏黄长衫，只在开会或接待贵宾时才穿；食只有一碗白饭，一碟咸菜加白菜或豆腐两样菜；住只有一丈见方，是谓丈室。

黄复彩先生所著的《仁德法师传》，让我对仁德法师有了更深的了解。

法师生于1926年，自幼受母亲信佛的熏习。11岁，舍俗出家，童真入道。22岁时，他赴南京观音寺受戒，于地藏菩萨圣诞日（农历七月三十）登坛受具足戒。感于地藏菩萨的宏愿，他曾闭关半年，专诵《地藏经》。

其后，他先后到扬州高旻寺、陕西终南山、江西云居山等地参学、习禅，亲炙来果法师、虚云老和尚等禅门大德，领受钳锤棒喝的教益。

1957年9月，他来九华山朝礼地藏菩萨，经了愿法师介绍，进住后山华严寺，着手修复荒废的华严寺。全山僧俗大众钦敬他的修持，请他移居前山祇园寺。

在"文革"风暴里，九华山的祇园寺、甘露寺、龙池庵、吊桥寺等多处道场遭到不同程度的破坏。仁德法师也在劫难逃。虽受到批斗，他道心坚固，以批斗为勘验禅心处，在纷扰的逆流中，忍辱负重。在寺院失去香火以后，他把僧尼们组织起来，自食其力，共克时艰。

其间，他向宏瑞老和尚学习医道，获得真传，行医看病，方便度人。宏瑞老和尚训勉他说："人活在娑婆世界，要多做善事，多做好事，来改变自己的业力。"他则认为："人的愿力比业力大，愿力能改变业力。"仗此愿力，仁德法师悬壶济世，利益百姓，深得当地群众敬重和爱戴。

在此期间，仁德法师常诵《地藏菩萨本愿经》，心慕地藏宗风，道循菩萨踪迹，他立下"誓作地藏真子，愿为南山孤臣"的悲心宏愿。

"文革"结束，政府重新落实宗教政策，1984年，仁德法师被推任为九华山佛教协会会长，主持全山事务，整修破烂不堪的大小寺院。1986年农历八月初十，他被推举为祇园寺第48代方丈。

仁德法师主持九华山佛教事务后，着眼于佛教的未来发展，于1990年，创建九华山佛学院，培养僧界人才。此举得到当时的中国佛教协会会长赵朴初先生的大力支持和称赞。

70岁后，仁德法师发起宏愿："此生中，一定要在九华山地藏道场建造一座高大的地藏铜像，让来拜瞻地藏道场的人们心中升起对菩萨精神的恭敬。"

作为全国政协委员，仁德法师积极向有关部门申报这一建设项目。当时的全国政协主席李瑞环曾批示有关部门予以落实。赵朴初会长闻知此事后，欣然为地藏菩萨大铜像题写楹联："长忆谪仙人开九芙蓉殊胜境，仰瞻菩萨像放大吉祥光明云。"

一位70多岁的老人整日奔波操劳，终致积劳成疾。病危之际，他念念不忘的，依然是地藏菩萨大铜像。

宗学法师安排出时间,陪我们去了一趟柯村。

99米高的地藏菩萨铜像站在大愿文化苑筹建工地上,面带微笑,默默无言。

抬起头,正好看到菩萨垂视人间的眼睛。他的眼神满含慈悲,注视着眼前的人。高广的蓝天,在他的背后。这蓝天,如同菩萨"五蕴皆空"的心境。蓝天是空的,但不是虚无。地藏菩萨大铜像的存在,使得这空荡荡的天空,成为实相。

地藏菩萨大铜像离我们很近,就在身边,就在眼前。但我们离菩萨的大愿境界很远,远到根本无法企及。

地藏菩萨的造像是巨大的,但出现在他眼里的每一位众生,并非渺小的。他希望人们珍惜生命中的每一个当下,做到心中有佛、言中有佛、行中有佛,而不是一味地顶礼膜拜外在的佛菩萨造像。因为在时光的恒河里,人的生命长度,不过是须臾而过的一粒流沙。把握好每个当下,才是最可靠的修行。

据惟贤长老介绍,有一年,他和仁德法师去尼泊尔出席中华寺落成典礼。期间,他发现仁德法师总是沉默寡言,如入禅定。

释迦佛即将成道之时,魔王波旬问:"此时此刻,谁能为你证明?"释迦佛手指大地。魔王无语。

眼前的这山、这水、这大地,如果能够说话,他们一定会讲述出地藏菩萨走过时他们见到的一切;一定会讲述出仁德法师居山修行、弘法利生、为地藏菩萨造像的般若心路。

然而,大地不语。这一切,又该如何讲述或证明呢?

这道公案,留给人慢慢参究。

"众生度尽,方证菩提;地狱未空,誓不成佛。"地藏菩萨的大愿,让人在观瞻他时,内心深处踊跃出一份温暖。

离开柯村大愿文化苑时，地藏菩萨的微笑一直印在我的心里。

如同两块冰冷的燧石，碰撞在一起时，会迸出热烈的火花。地藏菩萨的柯村一笑，与我的心碰撞出火花，燃起了一团隐秘的火焰。

叁

明日前身

01　三生石上

日本有部名为《轮回》的电影，似乎在讲人的前世与今生。

1970年，日本群马县一家酒店中，发生了一起惨绝人寰的杀人事件。杀人犯是医学院的大学教授大森范久，死者有11人，包括住客、服务员及大森家人，其中最后被杀的是大森的幼女。大森在杀人后了结了自己的生命。警方找不出大森的杀人动机，以"疯狂罪行"为由草草结案。

35年后，电影导演松村郁夫决定以这一事件为蓝本拍摄电影。他选用杉浦渚出演该教授的女儿。为追求影片的真实感，松村说服了制片人，带领演职人员住进了那个曾发生杀人事件的酒店。

走进这座空置多年的酒店后，杉浦渚就有种似曾相识的感觉。这家酒店的红色屋顶，更是令杉浦渚心绪不宁，她不知不觉走到227号房。这个房间，正是教授女儿当日被杀的地方。杉浦渚疑惑重重，自问："我会不会是那个女孩的转世？"

女大学生木下自小就经常做一个重复的梦。梦里，总出现一家红色屋顶的酒店。然而，她从来没有见过这样的地方。木下的男友知道此事后，将朋友森田香介绍给木下。森田香也在剧组中，他的颈项上有一道

走在九华街的一条小巷里，突然感觉一
户白墙乌瓦的人家格外熟悉；在小巷子里遇
见一个陌生人，却感觉他有一种说不出的亲
切；步入一座寺院，好像走进一个曾经做过
的梦，现在所看到的这一切，在那个遥远的
梦里曾分外清晰……

天生的疤痕，他总觉得自己是 35 年前酒店凶杀案中的一位死者……

"生死轮回"，简单地看，仅仅是一个佛教术语。如果认识得再深入一些，则可以通过它了解释迦佛对生命存在形态的深刻认知。

释迦佛认为，一切生命，如不主动地寻求解脱，就将永远循环在"六道"（天、人、阿修罗、畜生、饿鬼、地狱）之中，此处死、彼处生，生死相续，如转动的车轮，永不止息。

对于轮回的生命观，今天的科学家尚无法证实，但是流传两千多年的佛教，认为这是有情生命存在的真实相状。

杭州有名的"三天竺"之一的法镜寺附近，在一片废弃的茶园中，有一组貌奇磊落的巨石群，其中一块巨石上镌刻着三个红色的篆字："三生石"。这三个巴掌大的字，刻在石头内侧，很不显眼。巨石较光滑的一面，镌刻着《唐圆泽和尚三生石迹》碑文。

碑文内容，来自苏东坡的《僧圆泽传》。苏东坡从袁郊所作《甘泽谣》中读到这则故事，因感"旧文烦冗"，便"颇为删改"。

大唐东都洛阳，有一座惠林寺，以前是光禄卿李憕府第。安史之乱中，李憕以身殉国。家国之变，令李憕之子李源体悟到人生无常，他发誓不为官、不娶妻、不食肉，捐出家宅改建惠林寺，并栖身寺中修行。

寺僧圆泽，通晓音乐，与李源互为知己，二人常常促膝谈心，一谈一整天，彼此无倦。有一天，二人相约入蜀，到青城山、峨眉山参访。李源主张走水路，从荆州坐船一路游玩过去；圆泽觉得走陆路便捷，建议先从洛阳去长安，再向西南走。李源说："我遭家国之变，不想再看到长安啦！"圆泽沉默良久，说："人生真是由不得自己啊！"

二人选定走水路。当船在南浦停泊时，圆泽看到岸上有个孕妇正在用瓦罐取水，莫名地落下眼泪。他对李源说："我不想走水路，就是因为会遇到她啊。"

李源惊问缘故。

圆泽说:"这个妇人,其夫姓王。遇到她,我就得投胎做她的儿子了。你不知道,她已经怀孕三年,由于我没有来,她一直没法生产。今天既然见到了她,我就没有办法再逃避天命了。三天后,王家的人要给那个婴儿洗澡,你来看看我吧。见到你时,本来在哭的我会对你笑一下。这样,你就知道那个婴儿是我了。十三年后,中秋节那天夜里,我会在杭州天竺寺外,和你再次相见。"

李源又悲又悔,但也无计可施,只好帮助圆泽准备好沐浴的器皿和更换的衣服。当天晚上,圆泽圆寂了,那妇人生下一个男孩儿。

三天后,李源寻到那位妇人家。王家的人正欢喜地给新生儿洗澡。哇哇大哭的新生儿,见到李源时,却咧开嘴笑了。

李源把事情原委告诉妇人一家,王家出资把圆泽安葬。

李源再也没有心思去蜀地了,他原路折返,回到惠林寺。令他惊诧的是,当他向圆泽的徒弟说起这件事时,那个徒弟平静地说:"师父临走之前,已将这件事告诉我了。"

十三年后,李源从洛阳赶往杭州。中秋之夜,他来到天竺寺外,等待圆泽前来赴约。月圆之时,李源看到一个牧童骑牛走过寺外的葛洪川。牧童一边敲着牛角,一边唱:"三生石上旧精魂,赏月吟风不要论。惭愧情人远相访,此身虽异性长存。"

李源听了,知道再次遇到故友,含泪相问:"泽公,还好吗?"

牧童笑着回答:"李公真守信约,可惜我俗缘未了,不能和你再亲近,我们就努力地修行吧,只要此身不堕落,将来还有再会面的日子。"

说罢,牧童掉转牛头,边走边唱:"身前身后事茫茫,欲话因缘恐断肠。吴越山川寻已遍,却回烟棹上瞿塘。"

不一会儿，牧童及牛隐入山林，无影无踪。

又过了三年，大臣李德裕给皇帝上书推荐李源，说他是忠臣之后，孝悌之人，可出任谏议大夫。皇帝恩准。然而，已看破世情的李源不肯就职。其后，他终老寺中，寿八十岁。

这个故事，到底是不是真的，如今已不可考。但不论它真实与否，透过它，可以体味"轮回"与"转世"。

李源、圆泽早成古人，而见证着他们当年隔世相会的三生石犹在。数年前，我专程到杭州法镜寺外寻访这块"三生石"。当时，抚石而思，我不觉潸然泪下。

这块印证着前生后世的石头，也为释迦佛指出的"生死轮回"，提供着不朽的佐证。

参与轮回的，不只是人，还有容纳人类生存的这个世界。

释迦佛在《圆觉经》中说："一切众生，从无始际，由有种种恩爱贪欲，故有轮回，若诸世界一切种性、卵生、胎生、湿生、化生，皆因淫欲而正性命。当知轮回，爱为根本。由有诸欲，助发爱性，且故能令生死相续。欲因爱生，命因欲有，众生爱命，还依欲本。爱欲为因，爱命为果。"

又说："一切世界，始终生灭，前后有无，聚散起止，念念相续，循环往复，种种取舍，皆是轮回。未出轮回，而辨圆觉；彼圆觉性，即同流转；若免轮回，无有是处。譬如动目，能摇湛水，又如定眼，犹回转火，云驶月运，舟行岸移，亦复如是。"

看不见云，不表示云已经消失，而是云离开了人的视线；看不见月亮，不表示天上没有月亮，而是它运行到了地球的背面；同样的，船一开动，两岸的风景就随着移动……世界上的一切，就这样变换着。人的一生就像行船，出发、靠岸，船（本性）是不变的，但岸（身体）在变，风景（经历）就随之不同了。

释迦佛对轮回的解说，真是美极了。

此刻，我、南泉、南溪，置身于九华山野中，难道只是偶然？

轮回也不总是玄虚。

走在九华街的一条小巷里，突然感觉一户白墙乌瓦的人家格外熟悉；在小巷子里遇见一个陌生人，却感觉他有一种说不出的亲切；步入一座寺院，好像走进一个曾经做过的梦，现在所看到的这一切，在那个遥远的梦里曾分外清晰；读一首有关九华山的古诗，感觉那位作者简直就是相识很久的知己；山路边的一朵花、竹林中的一片落叶、山中的寂静，都弥漫着一种说不出的熟稔……

对于人生，这一切都是偶然吗？其实，每个人都拥有自己的三生石，只不过是因为迷失掉了自己的旧精魂，因此无法明白，世间所有相遇，都是久别重逢。

02　漫游的灯盏

漫步九华秋色里，不知不觉，暮霭四合，天渐渐黑了下来。身边的村落中，农舍的灯，一盏一盏点亮起来。远处的山隐入夜色，曲折山路上盘旋而行的汽车，亮着一双漫游的灯盏，时现时没。

就这样，我慢慢地走进诗人汗漫《漫游的灯盏》的意境。

红薯是泥土中的灯盏，柿子是秋天的灯盏，红豆是爱情的灯盏，母亲是稚子的灯盏，觉悟是佛教徒的灯盏，救赎是基督徒的灯盏，词语是写作者用双手呵护的大风中的灯盏。

在夜间，或许看不到持灯者的身影，但通过灯盏时高时低、时明时暗的移动，能够感受到持灯者坚定走在山路上的精神轨迹。名词、动词、形容词之间，异地、乡土之间，现实、梦境之间，俗世、解脱之间，漫游的灯盏照亮了一个信仰者内心世界的每一个角落，并使家具回到森林，香水回到玫瑰，动物回到群山，皮夹克回到羊群……

慢慢地读，有一种惊喜，自心而生，渐而浑身毛孔开张。

　　红薯是泥土中的灯盏，柿子是秋天的灯盏，红豆是爱情的灯盏，母亲是稚子的灯盏，觉悟是佛教徒的灯盏，救赎是基督徒的灯盏，词语是写作者用双手呵护的大风中的灯盏。

　　在夜间，或许看不到持灯者的身影，但通过灯盏时高时低、时明时暗的移动，能够感受到持灯者坚定走在山路上的精神轨迹。

这些文字，让我想到地藏菩萨。那位漫游在无明黑夜的持灯人，千百年来，他致力于以一灯引燃百千万亿灯。

一路引领我来到九华山参访的灯盏，是《地藏经》。

"经"，就是道路。说到佛经，有这样一种解释。

要踏上通往地藏菩萨内心的道路，非《地藏经》莫属。

读地藏菩萨的本生故事，我曾深深感叹——原来，诸佛菩萨并非其他宗教中的创世者，他们不是万能的神，他们和我们一样，有肉身，有悲欢，有苦乐。他们看透了悲欢苦乐的不稳定性，穿越了悲欢苦乐的幻相，步入了解脱之路，"道成肉身"。

读《地藏经》，细细品味菩萨的本生故事，你会发现，菩萨和你我一样，同样是人；所不同的是，他能够深深品味出生命之苦。

地藏菩萨曾是一位出身贵族的婆罗门女。她的母亲生前对佛法没有信心，死后堕入地狱受苦。她卖掉家产，为母设供修福，并发宏愿，尽未来劫，广度罪苦众生。由于精进不懈，她得到佛的指导，一心称念佛名，为母亲祈福。母亲因而得大福报，解脱掉身处地狱的痛苦，往生天界。

地藏菩萨也曾是一位名叫光目的女人。她的母亲生前喜欢吃鱼子，去世后，转生到恶道。光目女请有修为的高僧进入禅定观察母亲的去处。得知母亲在地狱中忍受着极大的苦难，光目女痛哭了。她一心念佛，誓以诚孝，帮助母亲脱离痛苦的逼迫。在感受自己母亲身遭痛苦的同时，光目女还发愿要救拔一切罪苦众生，她要等众生成佛后，自己再成就正觉。

佛经中经常劝人修福（创造幸福）。最好的创造幸福的方法，莫过于"善用其心，善待一切"。修福从培养慈悲心开始，从关爱他人开始；关爱他人，从善待身边人开始；善待身边人，从善待父母开始。

由于地藏菩萨提倡孝道，重视度化父母，因此，《地藏经》被尊为"佛门孝经"。近代高僧印光法师这样评述："(《地藏经》)诚可谓险道之导师，昏衢之慧炬，贫乏之宝藏，凶岁之稻粱……(令)一切孝顺儿女，有所师承。"

善待父母是我们在日常生活中修福的最好机会。父母健在时，尽孝道的方法，除了对父母供养衣食，照料健康外，还应指导父母追求真理，了解生命存在的真相，具足正确的人生观（正见），深信因果，善待他人，尊重所有生命。

地藏菩萨也曾是一位大富之家的公子。他目睹了佛的光明庄严，心生敬慕，于是问佛："我该怎么做，才能像您这样？"佛答："想要如此，应当帮助一切众生脱离苦恼。"因此这位公子发愿："我今尽未来劫，为一切苦恼众生，悉令解脱，我方成佛。"

地藏菩萨也曾是一位小国家的国王，他和邻国国王是好友，他们有着共同的追求，在各自的国度推行善的教育，构建和谐，福利民众。邻国国王发愿说："愿我早日获得智慧成就，来教育度化大家。"小国国王发愿说："如果不先度化一切众生，脱离苦恼，让他们成就究竟的智慧快乐，我绝不先去成就。"

无论前生是婆罗门女、光目、富家子弟、国王，地藏菩萨都从一己的悲欢中看到了苦的普遍存在，为让其他人免遭痛苦的逼迫，拥有真正的幸福，他发愿"众生度尽，方证菩提；地狱未空，誓不成佛"。

地藏菩萨之所以能够成为觉者（觉悟的人），是因为他成功地转化了自身的角色，从一个身处悲苦的伤心人转身成为所有伤心人的救护者。

宋代，行走于九华的大禅师大慧宗杲应该深深感悟了地藏大愿，你看，他说："好将一点红炉雪，散作人间照夜灯。"

人间照夜灯，有多少盏？可以说，有心跳的地方，就有一盏灯。

世间有多少读诵《地藏经》、行持地藏大愿的人，就有多少盏已经点燃的灯。为了引燃其他未被燃亮的灯盏，在茫茫人海中，他们都是漫游的灯盏。

03 明月前身

是的，十八岁那年，至德王十三年，作为新罗国王的长子，我奉命入唐研习文化。拜别母亲，我登舟离岸。这一天，风平浪静，万里无云。站在起锚远行的船甲板上，我知道，我无忧无虑的少年时光，就此画上了句号。

故国越来越远，大唐越来越近。

在长安，蒙玄宗皇帝召见，赐宴朝堂，授职皇宫宿卫，并赐宅安家。

大唐的天空湛蓝，我像一片白云，自由自在度过四年时光。真是时光如水，四年一晃而过。如果是海边的沙滩，日夜为水冲洗，四年后能拥有什么呢？我不是沙滩，比它多了一份湿漉漉的记忆。

在大慈恩寺，漫步后院，烧火僧的对话飘然入耳："他们上堂坐禅，我们下厨备炊，真不公平。""呵呵，万般皆有禅机，劈柴煮饭亦然，师兄何必分别？"

这段风中飘来的对话，似清泉滴于古岩，令我狂心顿歇，身心清寂。

现在想来，这份记忆依然清新如花瓣上的朝露。

为修甚深禅定，释地藏告别寺中僧众，
上山闭关，于天台峰下拜经，日久年深，石
头上竟然留下一双大脚印。

风云突变，父王召我回国。匆匆赶回，踏上故国土地，我却有家难归。

母亲被父王罢黜出宫。我的异母弟被立为王储。父王拒我于门外。

我和母亲移居山间茅棚。母亲担心我过惯了锦衣玉食的日子，在这样的境遇中，可能会做出傻事。她终日在佛前诵经祈福。在佛前跪拜的母亲，有时会伏身蒲团暗暗抽泣。

看着日渐消瘦的母亲，我劝勉她，佛说"有求皆苦"，还是安住于当下吧，这才是真正的"常乐我净"之道。

母亲听后，却是满眼的困惑。

也罢，那就让母亲在心中存一份期望与向往吧。

草衣木食，深林孤寂，茅棚冷落，山高月小。就这样过了两年。

没想到，又有人想起我们了。宫中人开始前来探望。

原来，我的异母弟急于登基，企图兵变，已为父王捕获治罪下狱。

母亲闻后，欣喜若狂，她开始筹划回宫后的生活。

满脸喜悦的母亲问我："乔觉，你看看，这哪里是有求皆苦呢？我佛例来是有求皆应啊！"

我对母亲微笑一下，没有答话。

我听到自己心底发出一声悠长的叹息。

宫中派人过来服侍，母亲的脸色日渐开朗。我能够放心母亲了，便决意离开。

"母亲，原谅儿子的不辞而别吧。"

在《新罗本纪》中，这位不知去向的王子，悄然落发，皈依佛门，法号"地藏"。

释地藏心慕大唐僧人的生活，再度赴唐。登舟离岸时，船头却是一片风起浪涌。

身到大唐，他四处参访，挂单名刹，闻法听经，坐禅修行，忙不停歇。然而此刻，他的心却得不到安顿。

一夜梦中，他来到峰峦挺拔的群山之中，怪石嵯峨，云雾缭绕，古木葳蕤，飞瀑流泉，美不胜收。醒来后，梦中所遇山水，依然历历在目。

他又重新开始云水生涯，四处参访。

行脚途上，他看到路旁躺着一只气息奄奄的小白狗。他为它诵经祈福，并施以救护。这只痊愈的小白狗，成为他的伙伴，他唤它为"谛听"。

每日行脚，谛听都跑在他前面。有一次，跑远的谛听忽然急匆匆地跑了回来。它用嘴叼着释地藏的裤脚，向前扯。

疾行数十米，听到一阵幼儿的啼哭，他见到路边树下，斜卧着一位垂危的女人，她怀抱幼子。女人哭诉，她与丈夫以屠宰为业，涂炭了过多生灵，造下了无边的罪业，一个月前，丈夫意外丧生，此际她又命将不保，恳请法师慈悲，救度幼子……

言未尽，女人殒命。

彼时刹那，他分明看到女人及其丈夫在地狱烈火中辗转呼号，苦不堪言。

抱起幼子，释地藏泪光交融。在他怀里，幼儿止啼，露出笑容。他为幼儿起名"惜生"。

行至江南，一日，遥见远山，翠屏横截，耸入云霄，大致如梦中所见。询问农家，方知此处是吴家村，前方是九子山。

我携惜生到吴家村化斋。谛听跑在前面，一入村，便没了踪影。

忽闻有人大声喊斥："哪来的野狗？"还有谛听呜呜的低吼声。我赶上前去，喝住谛听，向那壮汉施礼，道歉，化缘。

壮汉乃村中大户，名吴用之。人虽粗壮，但颇识礼。得悉因缘，吴用之爽朗大笑，施与黄精饭。吴用之将手伸向谛听，唤它前来，谛听应声上前，温驯地任他抚摸。

我与惜生及谛听留住在村头水口庙，休养数日。蒙吴用之每日送来饭食，令我等得以饱腹免却饥寒。

吴用之喜欢天真活泼的惜生，愿收为义子。我即将入山，山中清苦，一个成长中的孩子怎受得了？此时，正好托付。

入九子山后，我及谛听，风餐露宿。数日后，寻到一个宽敞的山洞，借此栖身。饿了，采食野果、黄精、葛根果腹；渴了，汲取山涧流水。

一日采食时，撞见猛兽，谛听为护我，猛扑过去与之撕咬，结果一命呜呼。我挥震禅杖，惊走猛兽。就这样，只剩下我一个人。

又一日，于山中遇到山主闵公。他愿听闻佛法，我告诉他："六籍寰中，三清术内，唯第一义，与方寸合。"

闵公闻之颔首，口中喃喃，转身离去。

又数日，闵公携子道明前来："师父，我能为您做点什么？"

"闵公，可否赐我一袈裟之地，助我修持？"

闵公笑允。

孰料袈裟展开，旋即飞入空中，天上云朵丹红，竟似袈裟所化，笼罩全山。我知是佛加持。闵公父子见状惊羡，跪在佛前发愿，愿将此山献与佛门，誓为护法。

这一年冬天，惜生来山中看我，在山洞里伴居数日。

一天，惜生问我："师父，你整天坐在这里做什么？"

"坐禅。"

惜生满眼疑惑："这里空空荡荡，哪里有禅？"

我笑着摇摇头，反问他："这里有什么？"

惜生愣了，他环视山洞内，说什么都没有。

望着洞外的阳光，我告诉他："这里有佛。"

惜生更茫然："佛？"

我双手合十："如果这里没有佛，我们还参什么？"

空门寂寞，惜生年小，向往山外生活，我送他下山。临别之时，惜生频频落泪，我笑着将他脸蛋上的泪珠拭去，轻轻地拍拍他的肩膀。

"去吧，惜生，我自有烟霞为伴。"

岩栖涧汲，黄精作饭，不意之间，进入甚深禅定。恍惚之间，如至灵山，听闻释迦佛说《地藏菩萨本愿经》，觉悟"于百千万亿劫以来，地藏化身无数，只为圆满众生度尽，我方成佛"的大愿。

释迦佛轻声语我："地藏，莫忘本愿。"

出定之时，见身前有数人长跪。

原来，是乡绅诸葛节等。他们在云彩鲜明之日，乘兴登山，以为山深无人，不意在此洞内，见我闭目长坐。方才跪拜，是他们以为我已往生。

此时，见我出定，众人称奇，发心依山建庙。

近山之人，闻者四集，伐木筑室，焕然禅居。后建诸殿，殿中设释迦佛像，又挂钟，立寺门，庄严道场。寺外，开荒野为桑稻良田，扩水注成放生之池。禅修之余，我领僧众种粮栽茶，农耕自养。日月时有晦明，云霞偶来聚散，也为寺院增色。

池州太守将我行化山中的事上奏朝廷，皇帝赐寺名"化城"。

一日，有位老妇来到寺中。她衣衫褴褛，形容憔悴。她沉默不语的神态，让我想到了遥远的母亲。

她问我："地狱可有？佛国可有？失得得失，为何轮转？"

"苦难时信以为真，安乐时信以为假，不修自己的心，却要怀疑佛说，这岂不是颠倒轮转？"

她大恸："你为何要放弃王位，弃母远走？"

我唯有缄口。因为前尘影事，皆成过眼烟云。

她泪流不止，我于寺外，建草庵为母安居，侍奉她度尽晚年。

为修甚深禅定，我告别寺中僧众，上山闭关，于天台峰下拜经，日久年深，石头上竟然留下一双大脚印。

三年闭关期满，应僧众所请，我又回到寺中。白天忙佛事，接引有缘众生，拔苦或与乐；夜间修禅定，照见五蕴皆空，度一切苦厄。

每日清晨，在禅定中，如《地藏十轮经》所说，我"遍于十方诸佛国土，成就一切所化有情，随其所应，利益安乐；除刀兵劫，令诸有情，互相慈悲，除疫病劫，除饥馑劫，利益安乐，诸有情事"。

地狱中的有情，是我最眷顾的。我缄口前行，狱中众生皆唤我："地藏菩萨，地藏菩萨，救度我啊！"我分身百万，一一悯其情，察其悔，为之说法，使之得度……

东方既白，晨钟轻敲，我出于禅定，应机说法。

时光荏苒，九十九年光阴过去，我已垂垂老矣。

唐贞元十年夏，释地藏召集徒众："生活中遭遇的苦难，促使人们寻找生命为什么存在的答案。生命的迷宫，是盘踞人心的野心、恐惧、混乱、失落、称赞、责备等情绪交织而成的。释迦佛的教导，就是要人体认无常，从无常的困扰中脱身而出。度己度人，这是释迦佛的本怀。大众，当以此自勉。"

言罢，释地藏目光炯炯，环视弟子，示意他们散去。

其后，释地藏溘然示寂。一时山鸣石陨，寺钟坠地。

僧众将释地藏趺坐的身躯放入石函。

三年后开视，释地藏"道成肉身"，肢体绵软，容颜如初，如在世时一样。搬移他的身体时，骨节有声，如佛经所说，"菩萨钩锁，百骸鸣矣"。僧众视释地藏为菩萨灵迹示现，因其俗姓金，故称为"金地藏"。

僧众建塔供养，据唐代进士费冠卿《九华山化城寺记》碑文记载，"基塔之地，发光如火"，入夜后，人们都能看到。

此后千年之中，山中又有数十位僧人印证金刚不坏之身。深山中的九华道场，由此声名远扬。

今夜，我、南泉、南溪，行走在九华山，在漆黑如墨的夜色中，回大觉寺。

千年万年以来，夜色总是如此深沉，不曾稍作改变。一轮明月，兀自圆了又缺，缺了又圆。任人间看也如此，不看也如此。

人生不过是一场旅行，既迂回，又漫长。只有禅者知道，重要的不是设计未来，而是及时把握眼下这一个个稍纵即逝的片刻。

身在九华山，谁识地藏身？

还是古禅师的偈颂说得好："一口吸尽西江水，鹧鸪啼在深花里。自有知音笑点头，由来不入聋人耳。"

众生不出离，地藏不歇息！

如今，这世上劳碌的人，谁是地藏？谁识地藏？地藏又在哪里？

痛苦与生俱来。

亲历痛苦的人，他会这样描述痛苦——火焰般灼烫的焦虑，沙漠般空旷的孤寂，单调日复一日的心碎，令人心灰意冷的钝痛，敲击心灵的突发锐痛，本已十分难熬又骤然加剧的苦楚，毒蝎蜇咬般令人癫狂的刺痛……

我们生活的世界，名为"娑婆"。娑婆，意译为"堪忍"。生活在这个世界，就要有勇气来承担痛苦，忍受痛苦。

生活是一串由烦恼、痛苦串成的念珠，但禅者能够微笑着捻动它。

在痛苦面前，微小的勇气，胜过丰富的学识。

微小的勇气，来自愿。

愿，是步入禅境的第一道门。

发愿，为习禅者必具的行门。

修禅之事，无愿不成。愿是精进的动力，精进是达到愿力的保证。故《瑜伽师地论》说："由此愿故，烦恼微薄，能修精进。是故我说愿波罗蜜多与精进波罗蜜多，而为助伴。"

在佛法中，有总愿、别愿。总愿是四弘誓愿；其他的，像阿弥陀佛

　　愿，是步入禅境的第一道门。
　　发愿，为习禅者必具的行门。
　　修禅之事，无愿不成。愿是精进的动力，
精进是达到愿力的保证。

的愿、药师佛的愿、观音菩萨的愿、文殊菩萨的愿、普贤菩萨的愿、地藏菩萨的愿，均称别愿。

释迦佛说法四十九年，讲经三百余会。入涅槃前，上至忉利天宫为生母摩耶夫人说法。释迦佛说法时，十方世界一切如来都来集会。释迦佛为母亲说的，便是"地藏法门"。

在法会上，释迦佛舒金色手臂，为地藏菩萨摩顶付嘱："令娑婆世界至弥勒出世以来众生，悉使解脱，永离诸苦。"

——在释迦佛灭度后，弥勒佛出世前，地球上有五十六亿七千万年的无佛时代，在此期间，度脱众生远离痛苦的重任，由地藏菩萨负责。

在法会结束时，释迦佛再次对地藏菩萨说："现在未来天人众，吾今殷勤付嘱汝，以大神通方便度，勿令堕在诸恶趣。"

地藏菩萨接受了释迦佛的托付，誓愿代佛宣化，普度众生。

在《地藏十轮经·序品》中，地藏菩萨说："我今学世尊，发如是大愿：当于此秽土，得无上菩提！"地藏大愿就是"众生度尽，方证菩提；地狱未空，誓不成佛"。这一大愿，同于一切诸佛"为利众生愿成佛"的根本愿，故称本愿。

《地藏十轮经》说，"安忍不动犹如大地，静虑深密犹如秘藏"。

"地"指大地，大地为一切万物提供生存的条件，有能持、能育、能载、能生之意。"藏"是宝藏，财宝足以救济人的贫苦，圆满人生，又有储藏、存有之意。"地藏"指菩萨如大地一样含藏着无数的善根种子。

习禅之初，我在河北赵县柏林禅寺生活过九个月。虽然每天上殿跟随僧众一起念诵"四弘誓愿"，但我从内心中不敢主动发愿。

"众生无边誓愿度，烦恼无尽誓愿断，法门无量誓愿学，佛道无上誓愿成。"我一个凡夫俗子，哪里做得来？

净慧禅师告诉我："有愿就有光明，有愿就有方向；有愿就有加被，有愿就有力量。"

我问："四弘誓愿是否习禅的次第？"

禅师说："没有先后，四弘愿是一体的。"

汉传佛教中，观音、文殊、地藏、普贤四大菩萨，代表着释迦佛心"悲智愿行"四个方面：众生无边誓愿度，度尽众生，是地藏大愿；烦恼无尽誓愿断，去除烦恼，是观音大愿；法门无量誓愿学，般若增上，是文殊大愿；佛道无上誓愿成，行愿无尽，是普贤大愿。

《六祖坛经》讲"自性众生誓愿度，自性烦恼誓愿断，自性法门誓愿学，自性佛道誓愿成"。这又明明白白地告诉我们，观音、文殊、地藏、普贤四大菩萨种性，每一个众生都是具足的。

禅师帮我推开心门，让我看到了内在的天地。逃避，从来不会让人找到正确的道路；发愿会使人脚踏实地。愿即大地，大地虽然一动不动，却于沉静中充满了力量。释迦佛等觉醒者的愿力，比大海还要深沉，比大地还要坚实，比天空还要辽阔。

"愿力真的如此巨大？"

禅师借临济祖师的话回答说："只怕你信不及。"

想一想，从久远久远以来，我们一直不断重复一些过程：一些情愫，一些渴求，一些感觉，一些追逐，一些欣喜，一些失落……一种无形的力量，推动着我们进行着这永无尽头又乐此不疲的旅行。这些重复的痴迷，阻碍了人对生命本有珍宝的认知。

有愿，就不会有怨，就不会把习禅理解得过于片面。生活中，时时处处的觉受，都是人观察、思维因果存在的机会。明白因果，就能够学会欣赏，懂得赞美。在生活中时时处处保持正念，就是生活在净土中。

如果没有愿，就如临济祖师所说："念经作佛，纵然自在还是妄；发心度众，虽是慈悲终归贪。"

轮回无尽头，知流水今日。回头即家山，悟明月前身。

身在九华，我暗暗发愿，要邂逅自性地藏。

05　没看到他，但我知道，他在这里

到翠峰寺去，不仅因为这里曾是中国佛教史上首所大学——华严道场的启建地，更因为近代禅门巨匠虚云老和尚（1840—1959 年）曾在此参学过。

虚云老和尚一生都忙碌着苦修悟道、建寺安僧、弘法利生。他从普陀山起香，三步一拜，历时三年，朝礼五台。在扬州高旻寺打禅七时，彻见本来面目。在终南山佳茅棚禅修，进入甚深禅定，达半月余。他出定时，禅坐前锅中所煮的芋头，已长出寸许的长霉。其后，他如虚空之中一朵飘逸的云，四处云水参访，并主持兴复了南华寺、云门寺等多处禅宗祖师道场。1959 年，他圆寂于江西云居山真如禅寺，享年 120 岁。

据《虚云和尚年谱》记载，光绪二十四年，1898 年，虚云法师曾师从月霞、印莲等诸位法师，同住九华翠峰华严道场，研究《华严经》三年。

宗学法师带我们前往参访。车驶向青阳县城，先接上向导红叶。在漫天大雾中，车缓缓绕过连绵起伏的山坡，盘旋而上。泊车农家后，数人过桥跨水，步行上山。

拾级而上，山路曲折，走惯平地的腿脚有些不适应。走在前面的红

九华山的地藏菩萨，还让我想到了德国诗
人里尔克的诗句："掩上我的眼睛，我还能看
见你；堵上我的耳朵，我还能听见你；站着不
动，我还能走向你；闭着嘴巴，我还能说出对
你的向往；抱着双肩，我还能拥抱你。"

叶，忽然停下脚步，回过头问我们："走山路，是不是吃不消啊？"

一行人中，南溪最怵头走山路，此刻他却须眉不让巾帼，爽朗作答："没问题！"

"不要急，慢慢走，就不累。"

山上雾更浓。石阶左右，有许多拦腰折断的毛竹，枝叶枯黄，了无生机。红叶说，这是被去年春季那场百年不遇的大雪压折的。

想象一场大雪，铺天盖地而来。

无数雪花从空中飘落，一片接着一片，盘旋着，舞蹈着，轻盈地，像一个虚无缥缈的梦。松与竹伫立在雪中，和我一样，惊喜地看着雪花飞舞。轻轻一吹，就能吹起一片雪花。但一场雪是吹不动的。

第一片雪落下来，竹叶们争相探出手指，欣喜地接纳它。雪来自虚无，是一种轻。然而，当每一片竹叶子上都挤满雪花，越来越密，越积越厚，碗口粗的毛竹只好偏向一旁。风吹来，竹节发出清脆的声响。终于，咔嚓一声，竹干无法承载这虚无的累积，轰然倒下。

松杉站在一旁，爱莫能助，因为它们移不开脚步，也无法伸出扶助的手。它们静静地看着这一切，连一声惋惜的叹息也无。雪更大了，许多斜横的松枝也被压断，然而，松的主干屹立巍然。

一场好雪，对于被压折的竹子，竟然成为一场噩梦。那么，是否所有的竹子都被压断了呢？当然不是。

有些竹子，风雪来时，它像芦苇一样柔顺。风一吹，它就顺势弯下身躯，抖落雪花；风过后，它又挺得笔直。雪停之后，它越发显出竹的本性。

红叶、南泉走在最前面，稍远些，融入雾中。

我与宗学法师并肩而行。忽然，他停下来。我低下头，看到脚下湿漉漉的石板上，在一两片黄绿的落叶之间，一只螳螂正挥舞着长臂，缓缓走过。

人的视野有限，只能望见近处的风景。而最美的，却在远处。

此刻，远方的一切，都是模糊的。树是模糊的，山是模糊的，道路是模糊的。眼前的景色，让我想到诗人明达的句子："模糊的人走在模糊的路上，也像一团雾，只是更浓一些。只是不会被一阵风吹散，只是人的脚步发出声响，一声比一声清晰。"

南溪落在后面，不见踪影。我喊他一声，远远传来他的回应。

古人说，慢慢行，不怕千万里；日日做，不怕千万事。既然登山不能一鼓作气完成，那就脚踏石阶，一步一步地走吧。

翠峰寺的牌楼耸立在眼前时，我已经汗流浃背。红叶望着远处，不无遗憾地说："今天这个天气，怕是看不到翠峰了。"

我在心中默念地藏菩萨圣号。走过牌楼不久，一阵风，吹得云开雾散，日光流泻，寺院背后的翠峰闯入视野，片刻之后，又为云遮雾掩。

红叶惊叹："你们和这里真是有缘。"

石径两侧，佛茶遍野。寺中影壁，硕大"戒"字，映入眼帘；有风吹过，携来诵经之声，隐约入耳。

在大殿礼佛之后，翠峰寺住持长老慈悲，引我们到客厅歇息。有人奉上绿茶，茶清冽幽香。询问后得知，是寺中自采茶。佛门的茶，味淡而隽永。长老说，相传，在唐朝时，金地藏也在翠峰下结茅棚禅修过。

我在寺中徜徉，今天虽已见不到金地藏菩萨、虚云老和尚丁点儿踪迹，但我知道，他们曾在这里。虽处在不同的时空中，但这个世界，是我们与他们共同的禅修之地。

南泉喊我去吃午餐。在寺中就餐，一钵粗饭一盘山蔬，虽然简单，却有味道。饭后下山，途中，红叶说："今天这个天气，怕是看不到天柱峰了。"

下山路与上山路一样长，走起来却省力气多了。我一路上默念地藏菩萨圣号。一步一步沿阶而下，终于行至山路尽头。绕过民居，来时经过的小石桥又出现在眼前。这时，我抬头看天柱峰，真的意想不到——又一次云流雾散，巍峨挺拔的天柱峰，出现在高处。

我赶紧喊走在前面的宗学法师、南泉、南溪、红叶，请他们停下来，抬头看。

阳光稀薄，仿佛一只手撩起遮挡脸庞的面纱，天柱峰正对我们嫣然一笑。

"因缘不可思议。"讷言敏行的宗学法师感慨道。

下山路上，南溪走得急，跌了一跤。他坐在地上，说什么也不动了，"以后再爬山，你们别叫我了"。这位山水画家，惯于在纸上设山造水，来到真正的青山碧水间，他倒有些适应不了了。

绕道九子岩景区，在双溪寺参拜大兴和尚肉身。

大兴和尚脸上的微笑，让我想起在龙门石窟见到的卢舍那佛脸上的微笑。这孩子般天真的微笑，使整个世界为之宁静。如果你抬起头来，注视他的微笑，片刻间，就会心如止水。微笑是不用花费一分钱的礼物，但这是人类最珍贵的礼物。愁眉苦脸的人，往往会错过世界上最美丽的风景。

听过降央卓玛歌曲的人，对六世达赖喇嘛仓央嘉措的这段歌词，应该都熟悉。"那一日，闭目在经殿香雾中，蓦然听见是你诵经中的真言。那一夜，摇动所有的经筒，不为超度，只为触摸你的指尖。那一年，磕长头匍匐在山路，不为觐见，只为贴着你的温暖。那一世，转山转水转佛塔，不为来世，只为途中与你相见。……"

相传，达赖喇嘛是观音菩萨的化身。这段歌词，并非世俗的情诗，而是他对自身佛性的深情歌赞。

此刻，九华山的地藏菩萨，还让我想到了德国诗人里尔克的诗句："掩上我的眼睛，我还能看见你；堵上我的耳朵，我还能听见你；站着不动，我还能走向你；闭着嘴巴，我还能说出对你的向往；抱着双肩，我还能拥抱你。"

——没看到他，但我知道，他在这里。

肆

欢喜地

01　散文片段中，隐约甘露寺

从后山双溪寺回来，绕九曲十八弯的山路回大觉寺，一路盘旋而上，路左前方忽然出现一座三四层楼高的寺庙。寺周古木参天，松竹繁茂。

宗学法师说："这里是甘露寺。"

甘露寺始建于清康熙年间。开工之日，启建者玉琳国师见满山松针挂满甘露，寺因此得名。此寺并非同名京剧中刘备在东吴招亲之处。

走进甘露寺山门，已近黄昏。甘露寺距离香客云集的九华街，有十几公里的路要走。这段距离，使得甘露寺清静超然。

甘露寺山门构造别出心裁，进得山门，迎面一堵高墙。墙上有浮雕弥勒，憨态可掬，左右对联为"大肚乃容，了却人间多少事；满腔欢喜，笑开天下古今愁"。见有人来，看守山门的老僧起身相迎。我们双手合十，告知欲到寺中礼佛。老僧含笑颔首，指着高墙右侧的小门，说："请由此进。"

疑无路处，别有洞天。进小门后，眼前出现一个庄严的世界。

……车到山口，闪过一湾翠竹和一棵枝叶如冠遮着半天的大

仁德老和尚

　　广场中央，伫立着身材高大的仁德法师的庄严法相。此刻，他正凝神远眺。

　　据说，仁德法师目光投止之所，即大愿文化苑之所在地——柯村。

　　法师虽去，他的大愿，仍存于世间，并且正在变成现实。

树。树下露出了一座黄墙青瓦的古寺。这也是一座上了九华名刹榜的大庙，叫甘露寺，同时也是九华山佛学院。肃穆之象不由我驻车凭吊。正当中午，僧人午休，整座大庙寂然如灭，使人顿生忽入空门之感。大殿上杳无一人，惟几炷香缈缈自燃，几排坐禅的蒲团静列成行。佛祖端坐半空，目澄如水，静观大千。殿柱上挂有戒牌，上书《九华山佛学院坐禅规则》："进禅堂心平气和，万缘放下……"廊柱上有《僧伽壁训》："为僧首要老实，接物必重慈悲……"右侧为饭堂，十数排桌凳，原木原色，古拙简朴。桌上每隔二尺之远反扣两个碗，清洁照人。墙上有许多戒条都是当思一餐不易，一粒难得之语。饭厅之侧有平台，上植花木，红花绿叶。一小树干上悬一偈牌，上书："绿竹黄花即佛性，炎日皓月照禅心。"我顿觉佛无处不在。我们这样穿堂入室在大庙中随意行走，偶遇一二僧人也目不斜视，既不怕我们为偷为盗，也不把我们喜作上门的财神，心情比在山上时愉悦多了。返到大殿，我虽不信佛，还是双手合十对着佛像拜了三拜，口中说道："这才是真佛。"

多年前，读到散文家梁衡的《九华山悟佛》时，我还没有到过九华山。但他笔下描绘的甘露寺，已令我向往。

天井中，有一盆莲，绿意盎然；大殿廊下，悬有云板、木鱼。庄严古朴的大雄宝殿内，经幡低垂，中央供奉释迦佛，肃穆安详。佛前香案，一对高烛左右对立，中间一具大铜香炉。殿门内侧，大钟巨鼓，分列大殿两角。礼佛三拜，出殿时，看到门侧有一书架，架上有佛学院的刊物《甘露》、甘露寺宣传册、住持藏学法师著作《转眼看世间》等，任人取阅。

南溪指着大殿的一副对联，问我："什么是如来真实义、波罗蜜多心？"

顺着他的手指，我看了对联的全文："诸恶莫作，众善奉行，已了如来真实义；四大本空，五蕴非有，是为波罗蜜多心。"

我把以前读过的一则故事讲给他。

有人向法师请教佛教的"三藏十二部"讲的是什么。他说："师父，你若能告诉我，我将把全部身心奉献给佛教。"法师斥责他贪心，把他赶跑了。

在路上，他向一位云游的禅师诉说了自己的遭遇。

禅师说："我来告诉你，你认真听着，三藏十二部，讲的就是'诸恶莫作，众善奉行，自净其意'。"

那人听了，有些疑惑："这也太简单了吧。"

禅师说："三藏十二部，无非是对这三句话的解释。"

那人恍然大悟，问禅师："我该怎样把全部身心奉献给佛教？"

禅师告诉他："你只要将这三句话好好地用在生活中，就是将全身心奉献给佛教。"

我告诉南溪："如来真实义、波罗蜜多心，也是这三句话。"

南溪若有所悟，深深点头。

殿宇高大，楼阁层立，漫步其间，偶遇一二位僧人，诚如梁衡笔下所述，他们"既不怕我们为偷为盗，也不把我们喜作上门的财神"，而是低眉敛目，脚步轻快。

绕过大殿，登石级向上走，见一座两层的殿宇，内供佛塔一座，塔内有甘露和尚真身。作礼后出殿，绕过大殿，再拾阶向上，山高处，是仁德法师纪念广场。广场中央，伫立着身材高大的仁德法师的庄严法相。此刻，他正凝神远眺。

据说，仁德法师目光投止之所，即大愿文化苑之所在地——柯村。

法师虽去，他的大愿，仍存于世间，并且正在变成现实。

路右侧，是一座两层的徽派小楼，匾额为"启圣楼"。询之寺僧，知是住持藏学法师的禅居。寺僧告知，法师不在寺内，外出参访去了。问可否进去看看，僧答"可以"。

推门而入，迎面一座木质屏风，上书"丛林以无事为兴盛"。字体古朴天真，细看落款，"藏学"。左首是客厅，有案，有椅，有佛，墙上挂有法师书法"有朋自远方来，不亦乐乎"。翻阅《转眼看世间》，很想以文会友，坐下来和藏学法师聊聊。可惜，缘分不具足。

往回走，有僧告知："山门已关，请走侧门。"说着，他走在前面，一路引领我们走到寺外。

此时，落日余晖，近处峰峦，尽收眼底，远山隐约，云蒸霞蔚。

我是一个不带地图的旅人。然而，每到一地之前，我喜欢通过网络，大致了解一下该地的历史遗迹、风土人情。

比如，对于甘露寺，我知道在寺院附近，有一块著名的"定心石"。走在路上，人会遇到各式各样的石头，有大石块，有小石子，有铺路石，有垫脚石，有绊脚石，有景观石，却很难遇上"定心石"。本来想寻访一下"定心石"，然而此刻已是夜色苍茫。

回大觉寺的路上，我说出了这一遗憾。

南泉说："寻石未遇，是缘分不够。"

宗学法师说："此次无缘，恰是下次相遇的因缘。"

南溪说："你们这些学禅的人，好像都是乐观主义者。"

南溪概括得有道理。

禅者的确是乐观主义者，但他并不是"天真的乐观主义者"。比如，在生活中，禅者同样也会遇到绊脚石，但他会把绊脚石当作垫脚石；禅者也会遇到暴风骤雨，他不反抗，不逃避，如同一棵果树，将那些不期然的遭遇，化为果实。

02 把握当下，佛在祇园

在九华山，漫步九华街，随处可以体会莲花佛国的庄严清净。过检票口后，出现在游人眼里的第一座寺院，是祇园寺。

祇园，即"祇树给孤独园"的简称。祇树给孤独园旧址，是印度重要的佛教遗存地之一。著名的佛教经典，像《金刚经》《楞严经》《阿弥陀经》等，起首便是："如是我闻。一时佛在舍卫国祇树给孤独园，与大比丘众，千二百五十人俱……"

释迦佛住世时，舍卫国有一位名叫须达的贵族，他体恤孤苦、乐善好施，被尊称为"给孤独长者"。有一天，给孤独长者在摩揭陀国听闻了释迦佛说法，心生欢喜，恭请释迦佛来舍卫国说法。

为迎接释迦佛及僧众的到来，给孤独长者选中了一处美丽的花园。不巧的是，这座花园是舍卫国王之子祇陀太子的。当给孤独长者提出购买这座花园时，祇陀太子不好当面拒绝，故意刁难他说："如果你能用黄金铺满花园的地面，我就把它卖给你。"给孤独长者二话不说，将黄金一车一车地运过来，往地面上铺。

祇陀太子好奇地问："长者，你为什么以这么高昂的代价买这座花园？"

给孤独长者告诉祇陀太子："为了让我们的国家充满智慧与福报，

　　佛教的生命哲学则认为"命自我立"，即命运掌握在每个人自己的手里，改变命运的原理与方法即观照心念。如把人心比作池塘，每生起一个积极的、乐观的念头，则一念一莲花；每生起一个消极的、悲观的念头，则一念一荆棘。

我邀请了释迦佛前来说法。买下这座花园，是想供养释迦佛的僧团用。"

祇陀太子非常感动："您的黄金只能铺满地面，却无法铺及树木花草。这些树木花草，就作为我对释迦佛及僧团的供养吧！"

"祇树给孤独园"，由给孤独长者布金买地、祇陀太子施树而来。佛教用"布施"（布金、施树）替代"奉献"一词，便由此而来。

作为释迦佛重要的弘法地，祇园，被人牢牢地记在心里。

对"祇树给孤独园"，明代高僧莲池大师这样解释："追求觉悟，活在当下（自性不离当处），就是'佛在祇树给孤独园'。祇树，是树中之胜，表示佛法能够荫护众生，永离热恼；给孤独园，是园中之胜，象征佛法能让众生安稳，恒受诸乐；祇陀太子、给孤独长者，是人中之胜，代表修学佛法者，都将毕竟成佛。"

祇园寺外右前方，有一座五孔桥，桥畔有一片荷塘。一池秋荷，硕大的绿叶，掩映着一枝枝黝黑结实的莲蓬。如果能采一枝九华的莲蓬，带回北京，插在佛案前的花瓶中，便天天可以感受到九华山的气息了。

看着眼前的秋荷，我有些发呆。

南泉问："是不是想要一枝莲蓬？"

南泉平日大大咧咧的。没想到，此刻，我的心事，被他一下子窥探到了。

南泉挽起裤脚，小心翼翼地踩着荷塘的泥地向荷花深处走过去。踮着脚走了几步，他转回身来，朝我摊开双手一笑。

南泉靠近岸边时，我伸手拉了他一把。看他鞋上挂了不少淤泥，我也为自己的妄想执着感到惭愧。南泉到岸上后，连声对我说着"谢谢"。其实，是我应该感谢他啊。

荷花与佛教，有着千丝万缕的联系。佛教的建筑、绘画、雕塑、用品等，也多以莲花为图案。比如，走进大殿，会看到庄严的释迦佛端坐在莲花宝座上，手拿杨柳净瓶的观音菩萨赤足站在莲台上。

佛家尚莲，原因有三：

一、莲出淤泥而不染。淤泥代表着烦恼，莲花代表着觉悟。《杂阿含经》说："佛在世如莲花，生泥中而不著泥，在世不著世，破一切烦恼，究竟离生死之际，以名为佛。"出淤泥而不染，即是转烦恼为菩提。

二、莲有四德。莲花有香、净、柔软、可爱四德，比喻"常乐我净，法界真如"，虽在五浊恶世，释迦佛却能如莲一样，德香四溢。

三、莲是佛国净土之花。莲花是孕育佛国净土众生的生命母胎，如《佛说无量寿经》说："若有众生，明信佛智，乃至胜智，作诸功德，信心回向。此诸众生，于七宝华中，自然化生，跏趺而坐。"

绽放心莲，与佛同心，需要学会管理自己细微的心念。

一秒钟内，人的心里会生起多少个念头？相信许多人从来没有体会过。

据佛教《僧祇律》载："一刹那即为一念，二十念为一瞬。二十瞬为一弹指，二十弹指为一罗预。二十罗预为一须臾，一日一昼为三十须臾。"照此计算，一须臾为48分钟，一罗预为114秒，一弹指为7.2秒，一瞬为0.36秒，一刹那0.018秒。也就是说，在一秒钟内，人的心里会接连生起56个念头。

行为心理学认为，念头不断累积会形成想法，想法不断累积会形成行动，行动不断累积会形成习惯，习惯不断累积会形成性格，而性格即命运。佛教的生命哲学则认为"命自我立"，即命运掌握在每个人自己的手里，改变命运的原理与方法即观照心念。如把人心比作池塘，每生起一个积极的、乐观的念头，则一念一莲花；每生起一个消极的、悲观的念头，则一念一荆棘。

在我们的心地上，是开满了微妙香洁的莲花，还是长满了苦楚烦恼的荆棘？这一切，完全取决于我们自己的心。

如果能活在当下，把握好当下一念，则能一念一莲花，处处莲花开，从而与佛同心，如"佛在祇园"。

祇园寺的建筑依山就势，布局巧妙，道路曲折多变，殿堂结构精妙。寺院的山门是民居式的，面朝九华街。整个寺院拥山林、溪流的天然景致于怀中，营构出一方雅境。从荷塘到山门，甬道上铺满了条石，每块条石两端刻着两个相连的古铜钱图案。这大概取意于"给孤独长者布金铺地"的典故。

祇园寺的山门，斜对着九华山开山祖寺——化城寺。据说在环状的九华街上，寺庙均以化城寺为中心，其他寺院的门都朝着化城寺的方向。从空中看，这些团团簇拥的寺庙，如同一朵巨大的莲花。

寺内正进行水陆法会。我们在寺中各个殿堂简单地随喜参观。殿堂内，披大红袈裟的僧人一边敲木鱼一边念经。在寺中绕了一圈，我与南泉、南溪往外走时，看到大殿一侧的石阶上坐着一位年轻的僧人，他没有参与庄严的法会，而是坐在殿外孤独地想着心事。

藏学法师曾这样描述九华街："远来的香客为了几毛钱，她们在大街上跟生意人争红了脸，骂生意人只认钱不认人；在寺院里做功德，她们将全部积蓄都拿出，却抱怨自己力不足，心不诚。街头的磁卡电话僧人打得最多，谁也说不清电话那头是什么地方什么人。"

这位年轻的僧人，他在想什么呢？

进出祇园寺，感到这山门有些狭小。然而，这份狭小却别有味道，让这座寺院整体看起来像一把腹大口小的紫砂壶。

腹大，能容，如弥勒大腹容盛整个世界；口小，慎出，如观音慈悲甘露利益众生。

传说，金地藏在江南择地修行时，于秀美的黄山与雄奇的九华之间，选择了后者。启建道场时，他选择了九华街所在的这片四面环山的盆地。

在金地藏的擘画下，匠人们筑基搭架，九华山佛教的开山祖寺——化城寺，如竹笋般从地里涌出。自此，金地藏告别了岩栖涧汲的苦修岁月，住锡于此，接引有缘。

今人眼中鳞次栉比的九华街，是在化城寺建立之后，因朝山者日益增多，慢慢聚集起人气后兴起的。

"化城"这一典故，出自佛教重要经典《妙法莲华经》。

在灵山法会上，释迦佛宣讲《妙法莲华经》时，讲了一个故事。

有一队商人去远方寻求珍宝。路途遥遥，充满艰险，走在半路上，人们饥渴疲劳，无力前行。想想前面还有许多未知的艰险，他们不想再继续了。

带队的导师对众人说："快看，前面不远处，有一座城市。"人们顺着导师手指的方向一看，果然，前方不远处有一座城市。

导师说："加把劲，到城里去补充给养。"

佛门常说"道情不比俗情浓"。那些真正
发心修持的僧人，在待人接物上，既不会过
度热情，也不会故作冰冷。

众人在城市里休养了数日，沉迷于城市生活的繁华富裕，甚至不想去寻求珍宝了。

导师看透了他们的心思，用手一指，这座繁华城市顿时无影无踪。

众人惊恐不解。

导师说："这座城市，是我幻化出来的，目的是让大家休息一下。现在大家都休息好了，就继续上路吧。宝藏就在前方不远处！"

在导师的引导下，商人们克服险难，到达了藏宝地，收获了众多的珍宝。

讲完这个故事，释迦佛说："化城并非实有，不过是导师为了让大众继续前行，以自己的能力所做的幻化虚设。觉者教化众生寻求解脱，为不让众生半途而废，他也会像那位导师一样，以种种方便，引导大家前进。"

站在化城寺的山门外，我扪心自问，在生命的中途，我是否找到了自己的导师，是否进入了暂时可以依靠、休憩的化城？

化城寺前，放生池中，懒洋洋的老龟们，趴在竹排上晒太阳。这些自在的老龟，让人想到当今佛教徒们热衷的放生。据报道，观音菩萨成道日前夕，某地信众购买小鸟放生。而被放生的野鸟在遭不法分子捕获时，伤亡率在30%以上；在笼养过程中，由于笼子狭小，小鸟拥挤不堪，伤亡率在20%以上。

在商业利益的推动下，捕捉→囚禁→贩卖→放生→捕捉……放生的行为，竟然成为杀生的推动力。对期望通过放生来行善积德的人们，看到这个报道，会做何感想？

我曾与一禅友探讨这一问题。他觉得我多事："放生者得福，捕捉贩卖者造罪。这世上的人，历来是修福的修福，造罪的造罪。你管得了那么多吗?"

我的观点是佛法圆融,在因果的链条上,如果放生成为鸟兽被捕杀的诱因,放生者所求的福报,又从何而得?

佛门放生,是倡导并实践众生平等、戒杀、护生的理念。放生仪轨的设立,在于以仪式激发参与者慈悲为怀的心。放生没有错,助恶却非善!当慈悲的放生变相为其他众生的悲歌时,慈悲精神又如何体现?

何况,许多人放生,并非出于清净慈悲的发心,而是为了求得一己的功德。热衷于放生的人,有的是事业遇到了障碍,有的是健康出现了问题,有的是发财了想救赎罪过……以鸟、兽、虫、鱼的生命作为满足私念的成本,致使无数生灵成为功德的筹码。这样做,是究竟的真理吗?

想来还是透彻的佛门大德说得究竟:"最好的放生,就是吃素。"当然,学佛的目的不是为了吃素,而吃素的目的是为了更好地学佛。

作为九华山的开山祖寺,在20世纪60年代,化城寺还是被激情万丈的群众弄得面目全非,佛像被毁,殿堂成为小学生的课堂。晨钟暮鼓、经声梵呗,被天真稚子的琅琅书声替代。1981年,落实宗教政策,这座历史最为悠久的地藏道场得以恢复,后辟为"九华山佛教文化陈列馆"。

历史上的化城寺,分为东西两院,规制完整,体量庞大。如今,它被周围的民居拥挤着。山门两边的平台上,民众架竿晾晒着花花绿绿的衣物、被单乃至裤衩、乳罩。"僧俗共居"的九华风情,在这里被浓缩、展现。

化城寺内,香火旺盛,人来人往,摩肩接踵。我与南泉、南溪各依兴趣,分头观看。

我对有历史感的事物有兴趣，因此驻足橱前，仔细地看展橱内陈列的经卷、佛像、僧人用品等。这些展品，有清代两朝皇帝的书法——康熙题"九华圣境"，乾隆题"芬陀普教"，也有数片古贝叶经，以及弘一法师题字的《九华圣迹图》；最吸引我的，是一双硕大的鞋子，标牌上注明是金地藏遗物。

南泉、南溪绕了一圈，和我聚到一起。他们问："这双鞋子，真是地藏菩萨穿过的吗？"我指了指文物旁边的标牌，没有说话。

他们看了那则说明后，摇了摇头，又问我对此怎么看。我说："历史上的化城寺，一千二百年来，多次毁于兵火灾难。这些陈列的文物，是真是假，谁说得清楚？你看，寺名'化城'，化城就是方便施设，即便这些不是真的，如果能够让人通过这些事物亲近佛法，生起信心，不同样有功德吗？"

这绕道说理的解释，令他们不再发出疑问。我顺便告诉他们："自释迦佛以来，佛法是可以传承的、活的传统，并非作为历史遗物陈列的文物。"

在化城寺丈室，住持常敏法师让我们近距离观看了"九华三宝"：明代无瑕和尚刺血为墨书写的《华严经》卷、古贝叶经及明代崇祯皇帝、清代乾隆皇帝御赐九华山的玉印。

听口音常敏法师像西北人，我问："法师是陕西人？"他抬起头笑着对我说："你说是就是吧。"旁边有人问："师父，您不是甘肃人吗？"常敏法师又笑着对那人说："陕西和甘肃，差不多嘛。"

常敏法师口和无诤，待人接物，一味平和，能让来者如坐春风。佛门常说"道情不比俗情浓"。在我接触到的范围内，那些真正发心修持的僧人，在待人接物上，既不会过度热情，也不会故作冰冷。

离开化城寺时，步出大雄宝殿，站在庭院里，我驻足回望，见到大殿立柱上有这样一副对联："愿将佛手双垂下，摸得人心一样平。"

释迦佛的教法，为抚慰世间众生心而说。释迦佛告诉人们的，是解决烦恼与痛苦的方法，是开启智慧与慈悲的经验。佛教的典籍，记录着这些活生生的经验。这些活生生的经验，犹如电脑软件，必须下载到我们的生命里，才能开始运行。

因此，佛法不只是橱窗中陈列的展品。

九华街周围，群山环绕。在这里，朝哪个方向走，都是向上的路。

在九华街遥望东崖摩空岭危崖绝壁上的百岁宫，凌空矗立，雄险壮观。百岁宫建筑群，是一组白墙红瓦的殿堂，耸立在陡峭的山崖上，犹如一座小小的城堡。有建筑学家把九华山的百岁宫比作欧洲的朗香教堂。

据说，从外表看，朗香教堂像合拢的手、浮水的鸭子、航空母舰、修女的帽子、攀肩并立的两个修士，换个角度看，又都不是。这种似与不似之间的美，最大限度地陌生化的处理方式，成为朗香教堂最吸引人之处。百岁宫又是什么样子呢？

乘缆车来到山上，在观景台先见到了九华山仰天大佛。眼前，"山是佛，佛是山"的壮丽景观，令人叹为观止。身边的游客热情十足地举起相机，拍照留念。我们穿越人群，寻路向左，朝百岁宫走去。

山路两侧，古松崔嵬，风一吹，身上的汗全消失了。曲折前行，不一会儿，途经飞来观音峰，进门随喜。飞来观音峰大殿内所供的观音菩萨与众不同，是依山岩而雕刻的浮雕观音像。菩萨身躯高大，神态祥和，襟带飘扬，如乘风而至，故有"飞来观音"之称。殿额嵌有"悦

　　民间有"数罗汉"的风俗,虽然各地数
法又有区别。有一种数法是,人在罗汉堂中
随喜参观,任意选定一尊罗汉,从这尊罗汉
开始数,数到自己当年的年龄那一尊罗汉为
止。这尊罗汉,有的说是你的前身,有的说
代表着当年的运气,有的说这尊罗汉的神态、
举止,代表了数者的性格、遭遇。

来"二字，故此观音又称"悦来观音"。观音像旁有摩崖石刻《石佛偈》，字迹依稀可见："……是石非佛，佛由石成；是佛非石，石由佛灵；石耶佛耶，谁假谁真？……"从方才观瞻的仰天大佛，到眼前的摩崖观音，九华确是灵山。

继续前行，山路外侧出现了粗大的铁索护栏。上面挂满了锁，一个挤一个，一个锁一个，密密麻麻，颇为壮观。凑近了看，锁上还有字。刻着男女二人名字的，是情人锁；刻着人名与心愿的，叫祈愿锁。新锁金光闪闪，旧锁锈迹斑驳。南泉说："十年前，我第一次来九华时，也买过一把锁，锁在这儿。"我与南溪劝他找一找，看看能否找到。南泉笑着摇摇头，兀自走到前面去了。

看来，南泉锁在这里的那把锁，已锁不住他的心。

山路拐一个弯，眼前一片豁亮。三面屋宇围成一个纵长的小广场，小广场的尽头，正对着百岁宫入口。屋顶四坡的红瓦下面，是整片雪白的墙，南侧墙面下民居式的门，是寺院入口，精雕细琢，体现了徽州民居建筑的朴素与精致。

百岁宫，旧称摘星庵，今称万年禅寺，是明代海玉无瑕禅师修行之所。无瑕禅师圆寂后，坐缸三年，留下肉身。崇祯皇帝闻知后，敕封为"应身菩萨"。无瑕禅师肉身，一直供在寺中大殿内。

大殿里，香气四溢。僧人们各自搭衣，肃然而立。看来一场佛事，即将开始。我们随在人流后面，对无瑕禅师的肉身顶礼三拜。此时，法鼓敲响了，有僧人起腔，唱起了《炉香赞》。有几位香客，站在无瑕禅师肉身正前方的拜垫前，随着僧众的念唱，伏身起身，不停跪拜。

大殿右侧有间房子，很空旷，我们进去小坐稍歇。从墙上贴着的"食存五观"，可知此处是斋堂。

"什么是食存五观？"南溪问。

"吃饭时，应从五个方面观照自己的心。概括地说，要珍惜眼前的一粥一饭；静默观心，心存感恩；吃饭要有节制，不可暴饮暴食；吃饭时不要挑剔食物的味道；要把吃饭当作帮助修行的良药。"我略解说。

"在佛家吃顿饭，真不容易。"南溪感叹。

斋堂朝向山野的一面墙壁上，开着几个小窗户。我走过去，望窗外的风景。窗下即是悬崖。这陡直的悬崖，对人来说不可逾越，对猴子来说算不了什么。山中青黄不接之时，它们经常三五成群地从这个小窗户里跳进来，偷饭吃。只不过这些淘气的猴子，根本不理会什么"食存五观"，吱喳抢闹，没个吃相。

此时，山间云雾开始弥漫。或许不一会儿，就会有一缕白云从窗外探头飘进斋堂来。

稍息了一会儿，那缕白云还没有飘上来，我们没有再等它，折身离开斋堂。大殿里，僧众们梵唱悠然，佛事正在进行。

步出大殿，天蓝云白，阳光灿烂。殿内俨然佛界，殿外依旧人间。方才在殿内看到的对联耐人寻味："休抛世谛求真谛，须识凡心即佛心。"说得清楚明白，佛法就在世间，殿里殿外，是没有分别的。

大殿前的花丛里，躲着一只花猫，它伏身地上，作势欲扑。有一只蚱蜢，显然对前方的局势做出了错误的判断，它往前一跳，正好跳到花猫的爪前。有趣的是，大花猫被这敢死队员一样的蚱蜢吓住了。它一时应对不了这突如其来的进攻，慌忙跳向一旁。

晾晒台畔，一位僧人正在驱遣一只淘气的猴子。那只猴子根本不怕僧人，它似乎颇通游击战术，僧进则退，僧退则进，或东或西，围绕铁栏，巧妙周旋。趁僧人不备，它从衣架上掠走一件僧衣，翻身下崖。

旁观的游客一声惊呼，以为猴子失手摔下悬崖。惊呼声未了，前方殿堂的拐角处，出现了那只猴子的身影。只是刚才被它抓在手上的僧衣，不知道扔到哪里去了。它停下身子，瞪大眼睛浏览着围观游客的脸，莫非是想感谢一下那位替它担心的游客？

百岁宫邻东崖之侧，建有五百罗汉堂，楼上楼下，供五百罗汉，金碧辉煌，规模宏大。

罗汉是"阿罗汉"的简称。罗汉一词，有三重解释：一是"杀贼"，即他已经破除了一切烦恼之贼；二是"应供"，即他智慧圆满，应该接受人天供养；三是"无生"，即他将不再进入生死轮回。在佛教中，罗汉所证的果位，次于佛和菩萨。

这五百罗汉，呈现的是世间百态。有的笑逐颜开，有的愁眉不展，有的展卷握读，有的降龙伏虎……世间人的情态，悉数展现在五百罗汉的脸上。五百罗汉堂，又是一座莘莘大端的"人间情态博物馆"。

民间有"数罗汉"的风俗，虽然各地数法又有区别。有一种数法是，人在罗汉堂中随喜参观，任意选定一尊罗汉，从这尊罗汉开始数，数到自己当年的年龄那一尊罗汉为止。这尊罗汉，有的说是你的前身，有的说代表着当年的运气，有的说这尊罗汉的神态、举止，代表了数者的性格、遭遇。

我愿意选择"前身说"。在罗汉堂中，我和南泉、南溪分别寻找着自己的前身。五百罗汉，是释迦佛身边的常随众。我的前身会是他们中哪一尊呢？

我数到的罗汉，满脸忧愁，座牌上写着"第十四尊　优楼频螺尊者"。虽然读过一些佛经，但对这位尊者，我所知茫然。

出五百罗汉堂时，我问南泉、南溪数罗汉的结果时，他们都笑而不说。

回到大觉寺，上网查询，方知优楼频螺尊者，本名摩诃迦叶，即大迦叶尊者。

在释迦佛的十大弟子中，大迦叶尊者以苦行著称。据说当他年岁已高时，释迦佛曾劝他不必再坚持苦行，但被尊者婉言谢绝。

当年，灵山法会上，该说法的释迦佛，手拈一朵花，一言不发。法会上的众僧不解其意。只有平日紧皱眉头的尊者，破颜微笑。释迦佛高兴地宣布："吾有正法眼藏，涅槃妙心，实相无相，微妙法门，不立文字，教外别传，付嘱摩诃迦叶。"

据传说，大迦叶尊者奉释迦佛的委托，没有入灭（去世），现隐身于云南鸡足山华首门中，等待弥勒佛出世时，向他转交释迦佛的衣钵。

五百罗汉堂，进进出出的人，无论男女、老少、僧俗、善恶，都会在五百罗汉中找到自己的前身。这与释迦佛在《妙法莲华经》中所授记的"众生都会成佛"，异曲同工。在这个世界上，佛是已经觉悟了的众生，作为众生的我们，都是将要觉悟的佛。

在幽冥钟亭，我看到一只只小蝴蝶在翩然飞舞。

要飞上这么高的山岭，这一只只的小蝴蝶，扇动柔弱的翅膀，要飞多久才能飞上来？如果和人一起搭乘缆车上来，它们不用买票，还可节省些气力。

幽冥钟亭畔的山岩上，摩崖石刻很多，其中有"云舫"二字。初看时，没有太留意，等走远了，回头看时，发现山石如巨船。试想云雾满山时，这方巨石如船一样停泊在云中，不正是"云舫"吗？再细品其中况味，顿感超俗。明代大儒王阳明曾于此石上晏坐。在身边不时敲响的钟声中，阳明先生细细参悟宇宙间的大化流行，树立起了心学宗旨。

幽冥钟亭中的大钟，相传重 9999 斤。守钟亭的老僧，不分昼夜，以虔诚之心，每隔一小时敲钟一响。

曾在幽冥钟亭敲钟多年的慈明老和尚，圆寂后，成就全身舍利，他的肉身供奉在月身殿下面的地藏禅寺大殿内。当年，慈明老和尚手推钟槌，轻轻一荡，钟声就慢慢地像起伏的水波，向天地间的四野浸过去，不容拒斥地充满一切罅隙。

寂静的山野间，有谁停下脚步，静心听闻钟声以及自己的心跳？

　　凡在钟下供有地藏菩萨的，为"幽冥钟"。佛门说，幽冥钟的钟声能开启地狱之门，使在地狱中受苦的众生闻之得到解脱，从地狱之中脱身而出。想一想，在我们的目光难以到达的地方，那些在黑暗、痛苦中挣扎的灵魂，对这一声声嗡嗡作响的钟鸣，是多么地满怀渴望，充满等待！

这个想象中的场景，极像我喜欢的法国画家让·弗朗索瓦·米勒的《晚钟》。

苍茫的暮色里，远远传来教堂祈祷的钟声。一对在田间劳作的夫妇，立刻放下手里的农活儿，低下头，双手合十，随之默默祈祷。暮色浓重，我们无法看清这对夫妇的面部，甚至，看不清他们衣服的颜色和皱褶。从画面远处传来的明亮霞光，可以感受到他们内心中充满着美好的憧憬与期冀。

钟声是画不出来的。从这对在田间默立默祈的夫妇，我们仿佛也听到了远方教堂正传出依稀的钟声，隐约而来，由远及近……

一只小白蝴蝶翩翩而来，在钟旁飞舞盘旋。后来，它栖息在钟上，收起了翅膀。山风微细，它的翅膀也在细微地颤动。

日本俳句诗人、画家与谢芜村写过这样一句诗："青青铜钟上，蝴蝶悠然眠。"现在，这个意象就出现在我眼前。

提到蝴蝶，自然会联想起花。诗人所写的铜钟，应该在寺院里；而寺院里，应该有鲜花盛开。这一连串的意象，暗示出佛门不与世间欲望相争的超然。

铜钟触手可及，外形坚硬，内里虚空，质朴庄重。它悬在大梁上安静不动。当粗大的圆杵撞击时，它才开始发出连绵不断、摄人心魄的钟声。眼前，在融自然、文化、精神为一体的佛钟上，有一只小小的白蝴蝶恬然安歇。

蝴蝶的生命微小、短暂，活不过一个夏天。此刻，它却在庄严大钟的一角上，悠然而眠。如果疲惫了，想找个地方稍息片刻的话，它为什么不去山坡上花朵盛开的花丛中休憩，却偏偏看中了这垂挂着的铜钟，在这里进入梦乡？

当僧人去敲击钟时，那钟声势必会惊破梦。

这不是它所期待的，也不是它所不期待的。震动，对于这只偶然栖息于此的蝴蝶来说，是一种必须要接受的现实。届时，它将飞离铜钟。钟声的有与无，小蝴蝶根本用不着区别、判断，"无挂碍故"，它"无有恐怖"，也根本不会担忧、烦闷、疑虑和踌躇。

眼前的景象，仿佛《心经》中描摹的菩萨的生命状态。这偶然的会心，令我对这只小蝴蝶心生感激。

我拿起相机，想为这只小蝴蝶和铜钟拍张照片。刚取好景，正欲摁下快门时，那只小蝴蝶拍了拍翅膀，起身飞走了。

释迦佛说：法不孤起。在重重无尽的因果之网上，没有哪个事物的存在，与其他事物没有联系。因此，在这个世界上，不存在什么偶然。

隐隐的、凝重的、充满感召力的钟声，传递着地藏菩萨的本愿。

凡在钟下供有地藏菩萨的，为"幽冥钟"。佛门说，幽冥钟的钟声能开启地狱之门，使在地狱中受苦的众生闻之得到解脱，从地狱之中脱身而出。想一想，在我们的目光难以到达的地方，那些在黑暗、痛苦中挣扎的灵魂，对这一声声嗡嗡作响的钟鸣，是多么地满怀渴望，充满等待！

"地狱未空，誓不成佛；众生度尽，方证菩提。"地藏菩萨胸怀广博，誓愿坚定。他舍我其谁的利生气魄，让我等有情众生心生惭愧。

于钟前，对地藏菩萨合十礼敬。随后，往功德箱里，放入些零钞。

守钟的老僧随喜道："你们这些外地人来了，心与钟声相应，能听出清净，能生供养之心。有些人，天天听钟声，反倒无动于衷（钟）了。"

06 回香阁的金塔

在九华街，无论走到哪儿，只要抬头看，就能看到回香阁的金塔，沉静地伫立在山巅上。云雾不时地造访九华街，捉迷藏一样，缭绕地把高处低处的景物遮掩起来。雾淡时，金塔的影子最先孤独地显现。云雾越来越淡，金塔闪耀的光芒慢慢地向下移动。九华街上青瓦白墙的民居也渐次显露出来。

往来于九华街，山岭高处流光溢彩的金塔，每每引我多望几眼。"那是回香阁的金塔。"细心的宗学法师告诉我。

看罢百岁宫，折身回转，我们没有乘缆车下山，而是过东崖、幽冥钟亭，沿华严岭一路走到了华严禅寺。

华严禅寺是从九华街徒步来百岁宫的必经之地，也是前往天台峰的必经之地。以前香客们朝礼天台峰后，在华严寺回望天台峰要烧"回头香"，故此寺又名"回香阁"。

"明代四大高僧"之一的藕益智旭，曾长住于回香阁。

了解藕益智旭，可以翻阅近代名僧弘一法师整理的《藕益大师年谱》。

在九华街，无论走到哪儿，只要抬头看，
就能看到回香阁的金塔，沉静地伫立在山巅
上。云雾不时地造访九华街，捉迷藏一样，
缭绕地把高处低处的景物遮掩起来。雾淡时，
金塔的影子最先孤独地显现。

藕益智旭，俗名钟振之，苏州木渎人。少年时，习儒学，曾写过数十篇排斥佛教的文章；遇到有关佛教的书，他就烧掉。17岁时，他读到莲池法师的《竹窗随笔》后，不再谤佛，并把过去所写辟佛文章全部焚烧。20岁那年冬天，父亲去世，他诵读《地藏菩萨本愿经》，为父亲做回向，从此对佛教信心坚固，每日诵持佛名。

24岁时，他于梦中见到憨山法师，一时百感交集。他哭泣着对憨山法师说："自恨缘悭，相见太晚。"憨山法师说："这是苦果，你应该知道苦因。"他跪求于憨山法师座下出家，法师对他的请求赞勉有加。一月之中，他三次在梦中亲近憨山法师。当时，憨山法师在岭南曹溪，路远难从，他就在憨山法师的弟子雪岭法师座下剃度，法名智旭，号藕益。

此后14年间，他致力参禅，深入经藏，闭关苦修。出关后，他随处参访善知识。

38岁那年，藕益法师来到九华山，在华严庵（今华严禅寺）长住，精研《华严经》，注解了其他多部经论，并整理出佛教史上第一部"大藏经导读书"——《阅藏知津》。

藕益法师在九华山曾结坛百日，持诵地藏菩萨灭定业真言五百万遍。他又以关怀全人类的风范，倡议僧俗共持"十万万"遍，"求转大地众生共业"。他也曾劝勉僧俗一心持念地藏菩萨名号。在他的努力下，地藏信仰广为传播，九华山道场盛极一时。

当时，禅、净土两宗的僧人，因法门不同，产生争执，他们找藕益法师决断。

藕益法师说："佛法大道，非禅非净，即禅即净。大丈夫应自信，心即是佛，佛即是心，念念与佛无别，何劳到处询问禅净之别？佛经上曾说，'三贤十圣住果报，唯佛一人居净土'，能够深信、发愿、实践的人，自然念念与佛同心。"

晚年，藕益前往浙江灵峰寺，后于灵峰寺圆寂（辞世）。

据《藕益大师年谱》载，当时，僧人建塔收敛他的遗身。三年后，开启灵塔，发现他巍然禅坐，面貌如生，牙齿不坏，长出来的头发已覆盖耳际。

站在回香阁的殿堂间，我想象不出"人来合意高谈道，客去清闲暗诵经"的藕益大师，面对南来北往的参访者，会是怎样的一番心境。

回香阁的金塔，在华严禅寺后面更高的山岭上。

一路走来，腿又酸又痛，难以坚持。南溪说："回香阁这一带的山林，特别入画，走，上去看看。"看南溪能坚持，我不甘示弱。四人分为三队，南泉、宗学法师走在前面，南溪在中，我以拍照片为由，走在后面。

古人说："慢慢行，不怕千万里。"慢慢走，两步上一个台阶，蜗牛般前行，终于，我也登上了金塔所在的山岭。果然是爬山不怕慢，就怕双脚站。

眼前的金塔，庄严高大，八面七层，因塔中供奉着一万尊药师佛铜像，因此又被称为"万佛塔"。塔中，每一层供有两三米高的药师佛铜像一尊。出资者建此塔，是祈愿药师佛护念众生身心安稳，远离病苦。

登上金塔之后，方觉出这段路走起来虽累，但值得走。在塔的最高处，看远处雾气氤氲流动，周围山色，变成了一幅幅墨色生动的山水画。俯视九华街，它竟然像一朵被花瓣簇拥着的莲台。云雾流动，层层花瓣，似在摇晃。在这朵莲花中，赭黄的寺院与粉壁的民居杂糅在一起，尽现莲花佛国的宁静、和谐。

与宗学法师并肩站在金塔的环廊下，我与他，谁也没有说话。静心倾听，风中传来悠扬的幽冥钟声。塔畔的松树枝杈深处，忽然扑棱棱飞出两只鸟。它们像是被钟声惊醒了，从隐栖的枝条间飞出来，向更高更远处的树飞去。

学禅以来，种种因缘，让我亲近了一些佛塔，如河北赵县的赵州禅师塔、湖北黄梅四祖寺的毗卢塔、广州光孝寺的六祖瘗发塔、取经归来的唐代玄奘法师主持修建的西安大慈恩寺大雁塔、供奉释迦佛指骨舍利的陕西扶风法门寺塔、山东济南柳埠的四门塔、供奉释迦佛牙舍利的北京灵光寺塔、元代尼泊尔匠人阿尼哥主持修建的五台山塔院寺大白塔、河北正定开元寺的须弥塔……

每逢一塔，我都会依《佛说右绕佛塔功德经》所教，双手合掌，按顺时针方向，右绕三周或七周，祈愿此生能够亲近善知识，清净身心，忏悔业障，积累福报；祈愿世间所有众生身心安稳，远离病苦，无复忧扰，欢喜自在。

在我往日职场的楼上，透过北窗，可以望见北京白塔寺的大白塔。近年来，白塔寺周围的建筑物越来越高，高大巍峨的大白塔变得越来越矮了。

看看三面环山、在幽寂松林间、伴随虔敬梵唱的回香阁的金塔，再想想越来越矮的大白塔，真令人悲欣交集，一时不知该说些什么了。

07 "另一个我",在旃檀林徜徉

写作就是回忆。

对于我,地理上的九华山已经变得遥远。绵亘起伏的碧绿山峦,龙溪河潺潺的流水,随处可见的褚黄色的寺院及其宽广的屋顶,遍野细小的花朵,草丛深处的虫鸣,干净的石板路,飘零的红叶,摇曳的竹林,沉默的松柏,青菜、糙米饭,透明的风,悠扬的梵呗……

偶然,看着南方飘来一朵白云,我会想,它来自九华吗?这样一想,蓝天上这朵遥不可及的白云,顿时变得亲切起来。

生活在大城市的人读到这里,也许会笑我矫情,认为我对九华的一番感怀,不过是旅行者的一段梦呓。是吗?对于一个在九华山野村落间行走过的人,在他的一生之中,在他心灵小屋的某只抽屉里,肯定藏有一些九华细节。当然,这些细节,于他人看来,也许微不足道。

回到北京,九华山还耸峙在我心上。在电脑上轻敲一个个与九华有关的字,就像重新走回到九华街上。

九华七日,像一个有头有尾的梦。值得庆幸的是,我曾经真实地走进这个梦境。释迦佛说:"过去心不可得,现在心不可得,未来心不可得。"对于已经历之事,回望时的感觉,虽历历在目,却恍如梦境,不可再得。

　　华严宝殿门外，高大的柱廊下，一个瘦弱的女子正低眉敛目，双手合十。距离远，听不清她口中是否念念有词。她是在为自己或家人祈愿，还是在与佛菩萨沟通着难解的心事？

诺贝尔文学奖得主、土耳其作家奥尔罕·帕慕克在《伊斯坦布尔》中提到过一个写作的方法——"双身"。2008 年 5 月，在北京中国社会科学院讲演时，他又重申了这一点。

"技巧高明的写作者，有时把自己的故事转化为别人的故事，有时把别人的故事当作自己的故事来书写。正是通过这样的研究，小说家开始试验那条把自己与'他人'区别开来的界限，同时也改变着自己身份认同的边界。他人变成了'我们'，我们则变成了'他人'。一部小说在把我们自己的生命当作别人的生命来描写时，同时也就为我们提供了把其他人的生命当作我们自己的生命来书写的机会。关注自己艺术规律的小说家将会看到，试图认同'他人'只会给他带来益处。他也会明白，思考每个人都能在其中看到自己对立面的'他者'，将能够把自己从自我的限制中解放出来。小说的历史就是人类解放的历史。让自己穿上别人的鞋子，通过想象放下我们自己的身份，我们便能将自己释放。"

在这一节里，我要写到的旃檀林，背倚琵琶山，面朝化城寺。相传建寺之初，人们伐寺后琵琶山上的古树时，发现木质坚硬，斧锯加之，火星四溅；木纹纤细，含有异香。僧人以为是佛经上所讲的旃檀树，故寺名"旃檀林"。

旃檀林有三大殿：大悲宝殿、华严宝殿、大愿宝殿。三座大殿呈品字形排列，我与南泉、南溪曾漫步其间。

记忆中，那一天，细雨霏霏，秋雾连绵。

华严宝殿，中央端坐华严三圣，分别为释迦佛和文殊、普贤二菩萨。有别于其他寺院山门前的石狮，此殿外屹立着两尊体量庞大的汉白玉大象。大象是陆地上最大的哺乳动物，威重温驯，古往今来，象征吉祥。在佛教中，大象更是屡屡被提及，有"法门龙象"之说。龙象并非指龙和象，这里的"龙"，代表殊胜、卓越，有大力；如吉藏法师在《维摩经义》中解释的那样，"象中之美者，称为龙象，非二物也"。

大悲宝殿中央，矗立着 9.19 米高的四面千手千眼观音菩萨塑像。殿中有一长对联，读来发人深省："若不回头谁替你救苦救难，如能转念无须我大慈大悲。"大愿宝殿中央，矗立着 9.9 米高的四面地藏菩萨铜像。遥远的日本京都浅草寺，也有四面的菩萨造像。为什么要造四面像呢？浅草寺内的一副柱联，说得明白："佛身圆满无背相，十万人来坐对面。"无论香客从哪个方向进来，菩萨都慈悲、平等地正面相迎。

寺中原来的古殿，移建于三大殿南侧芙蓉峰下，殿中供有明净和尚的肉身舍利。南泉、南溪进殿参拜时，殿外的一副对联把我吸引，我掏出笔与本抄录下来："林下相逢只谈因果，山中作伴莫负烟霞。"

说来也巧，刚抄完，身外的细雨停了。

写旃檀林时，那个随身携带的小记事本派上了用场。当时抄下的几副对联，现在越看越有滋味，不敢自专，再录出一则与有缘人共赏："睡到二三更时，凡功名都成幻影；想起一百年后，无少长俱是古人。"

今天脱下的鞋子，明天早晨是否还有缘穿上它？明白了这一点，人自然会放下世间的一切恩怨、生活中的种种不如意。只有不再执着的人，才能真正认知什么是"苦集灭道""常乐我净"，看破世情，一切随缘，不再做"搁浅在岸上的鱼"。

出旃檀林前，南溪悄悄地对我说："你往大殿那儿看。"

华严宝殿门外，高大的柱廊下，一个瘦弱的女子正低眉敛目，双手合十。距离远，听不清她口中是否念念有词。她是在为自己或家人祈愿，还是在与佛菩萨沟通着难解的心事？我举起相机，把这个瞬间记录下来。要拍第二张时，一个系着红领巾、身背大书包、手拎长柄雨伞的小男孩闯进相机取景器，他也朝着大殿走去。现在是上午，是学校上课的时间，他怎么跑出来了？怎么还跑到寺院里来了？

在散文集《一日沙门》中，我这样写道："世间所有相遇，都是久别重逢。"在生死轮回的时光旷野上，在无数的前生中，我们有着自己的父母师长、一切有缘、怨亲眷属，在此生，他们将以不同的面目出现在眼前。那些与你相遇的陌生人，都不是偶然出现的。如果有个陌生人对你微笑，你也感觉他亲切，他可能就是你以前轮回中的某个亲属；如果有个陌生人对你怒视，你也感觉有些发怵，他可能是你以前轮回中的某个冤家。"过去心不可得"，今生相遇而不识，是因为我们早已遗忘了前生共同的经历，但"若无相欠，怎能相见"，因缘所牵，又制造出这些相逢。所有这一切，都没有背离旃檀林古大殿对联所说的"因果"。

这一切，此刻于我，仿佛是别人的事。字里行间，"那个在旃檀林踟蹰徜徉的我"，与我林下相逢。以帕慕克的观点看，那是"另外一个马明博"。他长相和我一样，在北京生活、工作，有时喜欢外出旅行；他有位温柔可人的妻子，有个蹒跚学步的幼子；他喜欢喝茶，喜欢读书，喜欢睡懒觉；他喜欢看美女，但又"思无邪"，用他的话说就是"花儿可以欣赏，如果非要摘到手里看，那不是爱惜，而是戕害"。

08 月身殿外的忧思

来九华山，万万不能错过金地藏真身舍利所在之地——神光岭上的护国月身宝殿。

出祗檀林，在九华街上前行不远，道路左前方，出现了一道向上的台阶。路标提示，从这里上行，可以到达上禅堂、上天门、月身宝殿。

拾级而上，不一会儿，就走到了上禅堂。

说起上禅堂，很多人觉得陌生。说起曾风靡一时的电视连续剧《西游记》，很多人记忆犹新。如果告诉大家，《西游记》中"误入小雷音"一集取景于上禅堂的话，人们可能又于陌生之中感到几分熟稔。

上禅堂位于神光岭半山腰，大殿坐北朝南，山门却开在东山墙。寺前有照壁一通、平台一方，隔开尘寰。寺周，云树映带，泉水萦绕，景致清幽。大雄宝殿有两个厅堂并联，四落水屋顶，有天井，高大深广。殿中供奉有释迦佛、观音、地藏塑像，两侧为十八罗汉，庄严壮丽，气势恢宏。

上禅堂内有金沙泉。此泉，水不盈瓯，四时不涸。泉畔岩石上镌"金沙泉"三字，据传为诗仙李白的手泽。这三个字，为楷体，结体丰腴、果敢、遒劲，流露着气度雍容的大唐气息。

　　学佛，就是学习"与佛同心"，获得佛陀一样的觉悟。修行的过程，就是借鉴释迦佛的所作所为，净化身心，帮助自我不断觉悟，不断突破，清除掉因无知而杂染的生命经验，成就自己，同时利益其他众生。

上禅堂的住持果卓法师，是宗学法师的剃度师。想拜见他，却又访而未遇。寺僧说，果卓和尚外出参访去了。在客堂小坐时，见到果卓法师闭关三年后出关时的照片。当时，三年不理不剃的头发，已垂过法师的肩膀。客堂是安静的，照片是安静的，脸庞清癯、低眉垂目的法师是安静的，在这个安静的氛围中，整个世界也跟着安静下来。

出上禅堂，过上天门，拾级而上，到月身宝殿。南溪发现了问题，他拉了我一下，说："看看这匾额上的字，是月身，你们怎么都念作肉身呢？"

古时，月字通肉字；比如大月氏，读作"大肉只"。月身肉身，让我想起唐人司空图《诗品》中的"明月前身"一词。我把南溪的好奇记在记事本上。

古代修行人为让后人对佛法生出信心，留下他们修成的金刚不坏之身，俗称"肉身"，又称为全身舍利。全身舍利与古埃及经过医药加工的木乃伊、新疆沙漠里的风干肉身，有着本质的不同。位于江南的九华山，降水多，湿度大，在自然条件下保留肉身，从生理学的角度说，基本上是不可能的事。

然而，就是在这里，却有佛门僧侣修炼而成的不可思议的众多肉身，客观存在着。

当年，金乔觉在山中弘法，广设方便，度化有缘。半个世纪后，99岁的金乔觉圆寂。其肉身，在南山石函中三年不朽，面容颜色栩栩如生，骨节有声，如撼动的金锁，头发仍在生长。僧众大为惊讶，对照佛经，认定他是地藏菩萨应化，将其肉身移入石塔，建月身宝殿，以护石塔。塔建成后，向晚时分，塔基经常放出光明，照亮夜空，因此南山又被唤作"神光岭"。

供奉金地藏菩萨的肉身塔，在月身宝殿内。

月身殿内，一群香客正在绕肉身塔。约莫三五十人，口诵"南无地藏王菩萨"，跪在地上绕着肉身塔爬行。

为什么要在这里爬行？询之守殿僧，方知在肉身殿中绕塔爬行，可以消除业障，获得大福报。

看着这众多的爬行者，站在月身殿外的我，莫名地忧伤起来。

佛是觉者，学佛，就是学习"与佛同心"，获得佛陀一样的觉悟。修行的过程，就是借鉴释迦佛的所作所为，净化身心，帮助自我不断觉悟，不断突破，清除掉因无知而杂染的生命经验，成就自己，同时利益其他众生。

肉身塔周围的空间本不宽敞，一下子多了这么多的爬行者，狭窄的空地立马儿被挤得满满当当。其他想进殿随喜的香客，只能站在殿外等候。

在解脱的道路上，如果只顾自获福报，消除自己的业障，而忽略对其他众生的眷顾，这样的修行，是强化了自我成功的修行，说到底，是一种变相地对自我的执着。凡有执着，"是人行邪道"，便无法获得究竟解脱。

如不明白这一点，人在培养福报的同时，也在造下恶因。这样做，离佛心很远。

释迦佛说，心、佛、众生，三无差别。佛眼中的众生，都是即将觉悟的佛，可惜目前这些未来佛还充满了妄想执著。佛法就是活法，只有将释迦佛的智慧与慈悲在生活中灵活地体现，才是真正的修行。

肉身塔周围的空地，大约可容三四人并立。如果绕塔爬行的人只占两排，这样就能够既可以达成自己的心愿，又方便其他的人进出了。在娑婆世界，众生同是身在渡口等船过河的人。处理事情时，如何在自利的同时，想到利他，是摆在修行者前面的一道现实的考题。

殿内稍有空隙，我和南泉、南溪抬脚进殿，还没站定，那群香客又爬了过来，只好又退出来。

南泉、南溪去殿前的平台拍照。我双手合十，口诵"南无地藏王菩萨"，在殿外檐下右绕三圈。绕至殿南门，见到额匾上写的是地藏大愿："地狱未空，誓不成佛；众生度尽，方证菩提。"细看匾额落款，书写者竟然是民国时期北洋政府大总统黎元洪。曾有学者说，民国时期，华夏大地能宽容多元的信仰共同存在，并倡导信仰之间相互尊重。不知这方匾额的存在，是否可为例证。

绕回到月身殿的北门时，那群绕塔的香客，依然俯身地上虔敬地爬行着。我招呼了南泉、南溪，向他处去。

月身殿北有 99 级石阶，殿南有 84 级石阶。无论南来北往，从山下到山上，走这些台阶，都要花一番气力。朝山客想看到最瑰丽的风景，就要有勇气面对这上上下下陡直的长阶。如同修行人想成就，必须经历"九九八十一难"的考验，方能成就正果。

要让愿望成为现实，必须要付诸行动。人被无明（无知）包围着，行动之前，必须要先点亮心灯，找到正确的前进方向。

关于心灯，有这样一个故事。

深夜，一个人在路灯下低头寻找东西。转来转去，不知已经转了多少圈。一位路过者好奇地问："你在找什么？"

"开门的钥匙。"

"在哪里丢的？"

"就在这附近。"

路过者停下来，和他一起找了一会儿："这附近好像没有，你顺着来时的路到其他地方再找找看吧。"

找钥匙的人面露难色："这附近，只有这里有光亮啊。其他地方都是黑的，我去了也什么都看不见。"

路过者把自己的手电借给他。很快，那个人找到了丢失的钥匙。

无论是在物质世界还是精神世界，我们的眼睛，只能看到被照亮的事物。然而，有时我们要寻找的那把钥匙，并不在被照亮的地方。甚至我们即便知道它就在附近，但由于周围一片黑暗，我们也无法找到它。

在无明暗夜中，我们都是在灯影下寻找钥匙的人。佛菩萨愿意把他的手电借给我们用，只有借助这把"利他的手电"，我们才能找到打开心门的钥匙。要知道，人生中的诸多难题，大多是因只知自利、不知利他而起的啊。

伍

愿力的奇迹

01   我们身体的地、水、火、风

雨多雾重,阴霾潮湿,气候闷热,秋日九华,典型的江南天气。

在山间行走,没有风,衣服一直粘贴在身上。向晚时分,回到大觉寺,我快步走回寮房,冲凉洗浴,更换衣服。身体清爽,心也安顿许多。

初来之日,南溪沐浴之后,好奇地说:"你感觉到没有,这里的水滑溜溜的。"询问寺中人,他们告知,大觉寺的水,皆引自天然的山泉,富含多种矿物质。

说起洗浴,我想到"自净其意"四字。

唐代大诗人白居易参访鸟窠禅师时,问佛法大意。禅师回答:"诸恶莫作,众善奉行,自净其意,是诸佛教。"白居易说:"这太简单了。三岁孩儿也说得。"禅师正色说:"话虽三岁孩儿也说得,但八十老翁未必做得。"白居易闻后敬穆。

可以把"自净其意"分开读。先"自净",保持身体的洁净;然后"自净其意",进而保持精神的洁净。对身体洁净的要求,是禅修的一部分,它的重要性不次于虔敬,而且是虔敬的重要组成部分。

从传记中了解到,弘一法师进出厕所后,如果要去佛殿时,他一定

  在释迦佛眼里，人的身体，不过是地、水、火、风四大元素的和合。"地大，以坚硬为性，如人身中之发毛、爪齿、皮肉、筋骨等均属之。水大，以润湿为性，如人身中之唾涕、脓血、津液、痰泪、大小便等均属之。火大，以燥热为性，如人身中之暖气属之。风大，以动转为性，如人身中之出入息及身动转属之。"

要回寮换一双鞋子。在《华严经·净行品》中了解到，对于如何处理生活中的一些小事情，诸如洗手、洗脸、大小便等，佛教都有明确的要求。

佛教的戒律，对保持身体洁净，也有着相应的要求。如，大小便后要洗手；洗手时要默念"以水洗掌，当愿众生，得清净手，受持佛法"；禅修者要经常洗澡，等等。释迦佛明确指出，洗澡有除尘垢、治皮肤令一色、破寒热、下风气、少病痛等多种好处。释迦佛还说，不要以不洁之手拿取食物，那样做，等于吃了不洁的食物，既对身体有害，也不利于禅修。由此可知，身体的不洁净，是禅修的逆缘。

释迦佛提出这些细致的要求，为让人从身体的洁净入手，培养精神的洁净。保持身体的洁净，同样是对佛法的尊重。这些要求，在世俗生活中，也同样受到重视。由此可见，佛法不异世法。

说到身体，古人有"我与我周旋久，宁作我"之说。学禅后，重新翻阅《世说新语》时，这句话，让我一愣。世间明明有个"我"，佛家却说"无我"。如果无我（没有这个"我"），"我"又是谁？刚要接受"无我"，又见释迦佛说"唯我独尊"。这个"我"又回来了，这到底是怎么回事？

关于身体，有一则远古传说。

追日的夸父因干渴而死，倒下来，身体化为山河大地、日月星辰。大地上的森林，来自夸父的毛发；大地上的沟峡，来自夸父的乳沟、腿股沟；大地上的山洞，来自夸父的鼻孔、耳朵；大地上的平原，是夸父的小腹；大地上的风，来自夸父的呼吸；日月，是夸父的眼睛；大地上的海水，是夸父的泪水……

人体与自然界中的事物，竟有如此有趣的对应。

我们身体的布局，也大有禅意。比如，身体分为头、躯干与四肢。脚在下，手居中，头在上，这是告诉我们，禅修实践离不开思想的指导。然而，当人举起手时，手又能够高过头；这是告诉我们，如不付诸实践，再高明的思想，也只是空想。

再比如，人体有两只眼睛、两只耳朵、两个鼻孔、两条手臂、两条腿，却只有一张口。这个二比一的比例，也有禅意。人的一生，要多走、多做、多看、多闻，但要少说。要管好自己这张嘴，需要觉照。

在释迦佛眼里，人的身体，不过是地、水、火、风四大元素的和合。

不光人体，自然界中的一切事物，都不离四大元素。四大元素，是组成物质现象的基本因缘，是形成一切物质现象的种子。一切的物象，都是由四大元素调和分配完成的。

以人体来说，骨骼、肌肉、软组织及毛发属于地大，血液、组织液、水分及内分泌液属于水大，温度、食物转化的热量属于火大，呼吸、腿的行走、手的抓举扛拿等属于风大。

释迦佛在《圆觉经》中说："地大，以坚硬为性，如人身中之发毛、爪齿、皮肉、筋骨等均属之。水大，以润湿为性，如人身中之唾涕、脓血、津液、痰泪、大小便等均属之。火大，以燥热为性，如人身中之暖气属之。风大，以动转为性，如人身中之出入息及身动转属之。"

生病，佛门称之为"四大不调"。《弥陀略解圆中钞》中讲，"地大不调，举身沉重；水大不调，举身胖肿；火大不调，举身蒸热；风大不调，举身倔强"。

对于身体，人只有使用权，没有所有权。这微妙运行的血肉之躯，缘起于四大元素的聚合，也将缘灭于四大元素的分散。四大元素的聚散离合，表现在人生中，则是"成、住、坏、空"，即人经由出生、衰老、生病，抵达死亡的终点。

佛门有"一期一会"之说，暗喻此生此身，属于我们只有一次，因此必须珍惜。生活中种种的因缘际遇，人只能被动地接受。因此，对于这具沉重的肉身，不应过分贪恋爱慕。如果过于贪恋，会带来烦恼与痛苦。

学禅，同样是要"我与我周旋久"，才能识得"无我"，才能明白为什么释迦佛说"唯我独尊"。通过观照身体的"我"，认知到"无我"，进而认知"唯（此生的）我独尊"。唯有当下，才是我们所能拥有的，把握好当下，才有机会跨过一道道门槛，入禅之门。

说来好笑，学禅之前，我总觉得明天会更好；学禅之后，我才明白，今天就是最好的，因为明天并不一定会属于我。那么，对于今天的际遇——喜、怒、哀、乐、荣、辱、悲、欢，就无拣择地一并笑纳吧。

山风轻拂衣袂，向晚暑气锐减。我与南泉、南溪漫步在大觉寺周围。回头望见殿堂中的灯火、微笑不动的佛像，以前读过的一则故事浮现于脑海。

有位女信众每日从自家花园中采撷鲜花，到寺院中供佛。

一天，遇到寺中禅师，她说："来到寺院，我身心安稳；回到家中，我心神烦躁。可不可以允许我来寺院住一段时间？"

禅师说："《维摩经》中讲，对于禅修者来说，随处是道场。寺院和家有什么区别呢？如果有区别，那是你的心在分别。众所周知，佛法是对治烦恼的良药。你细细观察你的烦恼，敞开心怀来接纳它，这就是最好的修行之处。"

女信众依然不解。禅师说："身体就是寺院，心就是殿中佛陀，呼吸就是悠扬梵唱，脉搏就是晨钟暮鼓……"

人的身体虽然由地、水、火、风组成，并将成、住、坏、空，但在此生，它却能够帮助我们从此岸渡向彼岸。

既然此身如船，那待渡的我，又在哪里？

释迦佛在世时，印度就有火葬、水葬等习俗。释迦佛圆寂后，弟子遵其遗嘱，将法体架上薪堆，点火燃之。大火熄灭，灰烬冷却后，收敛遗骨的弟子，发现了许多晶莹透亮、五光十色、坚硬如铁的物体。这就是舍利。释迦佛的舍利，现存于中国、史料上有明确记载的，有陕西扶风法门寺佛指舍利、北京八大处灵光寺佛牙舍利、山东汶上宝相寺佛牙舍利、江苏南京大报恩寺佛顶骨舍利等。

舍利，即灵骨。同是骨头，舍利跟普通骨头有什么不同呢？

舍利有不同的形状，有圆形、椭圆形，有的呈莲花形，有的呈佛或菩萨状；舍利有不同的颜色，有白色、黑色、绿色、红色，也有多种颜色集于一体的；舍利有不同的透明度，有的像珍珠，有的像玛瑙，有的像水晶，有的如钻石。

现代医学科学研究，舍利无疑是人体结晶物。但它的物理性质应该如何分析，到目前为止，尚没有能够自圆其说的科学解释出现。

佛教《金光明经》载，"舍利者，是戒定慧之所熏修，甚难可得，最上福田"。唐代玄应法师所撰《一切经音义》载，"舍利有全身、碎身之别"。碎身舍利，指遗体经焚烧后的遗骨。全身舍利，又称"肉身舍

　　释迦佛留下舍利，为的是使众生怀恋企慕而生渴仰之心。佛本来无生灭，之所以示现去世之相，是一种方便示现，以免众生生起依赖心，甚至生起厌烦懈怠之心。如《法华经》中说："（众生）若见如来常在不灭，便起骄恣，而怀厌怠。不能生难遭之想、恭敬之心，是故如来以方便说，比丘当知，诸佛出世，难可值遇。"

利"，指高僧大德示寂后留下的肉身，虽经时空变迁，却常保原形，栩栩如生；著名的，如供养在广东韶关南华寺的禅宗六祖慧能肉身。

释迦佛留下舍利，为的是使众生怀恋企慕而生渴仰之心。佛本来无生灭，之所以示现去世之相，是一种方便示现，以免众生生起依赖心，甚至生起厌烦懈怠之心。如《法华经》中说："（众生）若见如来常在不灭，便起骄恣，而怀厌怠。不能生难遭之想、恭敬之心，是故如来以方便说，比丘当知，诸佛出世，难可值遇。"

佛示现灭度，留下舍利，让众生建塔供养，令众生睹舍利而思念佛，产生恭敬难遇的想法，乃至"一心欲见佛，不自惜身命"，从而勇猛精进地去修行。

在中国佛教两千年的历史进程中，形成碎身舍利的高僧，代有所闻；形成肉身舍利的，相对要少一些，但也有数十尊，如现存于广东韶关南华寺的憨山禅师肉身，现存于安徽九华山的金地藏肉身、大兴和尚肉身等。

佛门历来视舍利为至宝。肉身舍利的出现，更引起世间人对佛门的关注。

之所以被关注，在于这一现象不是普遍的，人们对它心存疑惑，甚至认为这是超自然的现象。其实，如古罗马哲学家西塞罗所说："不能发生的事物从来也没有发生过，能够发生的事物就不是奇迹。"

天近晌午，有人敲响我所住寮房的门："明博，在吗？"

我起身去开门。门外，笑容可掬的宗学法师身畔，还站着一位中等身材、一脸文雅、双目炯炯有神的中年人。

"你不是想深入地了解九华山吗？今天，我给你请来了九华山大名鼎鼎的费老师。"宗学法师说。

我和那位中年人各向对方伸出手，握在一起。

费老师，名叫费业朝，他在九华山做导游数十年，被誉为"九华通"。凤凰卫视在报道九华山时，主持人王鲁湘就请费业朝作为对话者，因为在九华山佛学院担任客座教授的费先生，对九华山"了如指掌"。

谈及九华山的肉身菩萨，费先生列举了一组数字："从大唐开元天宝年间，九华山因金乔觉的到来而成为举世闻名的地藏道场时起，一直到 20 世纪 90 年代，在这方圆 120 公里的灵山秀水之间，有据可查的肉身菩萨就已达到 14 尊之多。这不得不说是佛教界的一大奇迹。尽管后来因为历经风雨变故，大部分肉身今天已无缘得见了。"

在湿度如此之大的江南地区，为什么会有这么多的肉身菩萨？那些不腐坏的肉身，是不是经过了特殊处理？肉身菩萨现象的确给世间的凡夫俗子，甚至是佛教信众，留下一个个惊叹号和问号。

费先生考察过僧人遗体的处理过程。

"僧人去世后装缸其实很简单。在他要坐的那个缸底下撒一些生石灰粉，撒七八公分厚；上面平铺一层木炭，木炭把遗体与石灰隔开，因为石灰是强碱，有腐蚀性，不能让石灰接触遗体，木炭上再铺几层黄表纸；把僧人遗体抬进去，坐在中间；遗体与缸之间的那些空隙，全部用草纸包木炭塞满——人体不是 70% 是水分吗，生石灰、草纸、木炭都是用来吸水的；然后盖上缸盖，缸盖与缸体之间的缝隙，用黄泥巴封严；底缸与盖缸上，都留有通气孔。底缸的通气孔不密封，盖缸的通气孔为防止雨水进入，用碗倒扣上。僧人坐的缸不是密封的，跟外面空气是通的。"

九华山空气湿度大，缸内缸外，空气相通，能够肉身不腐，的确有些神奇。尤其是并非所有坐缸僧人的遗体都能不腐。

"一般是三年后开缸，其实不一定非要三年，以三年为期只是这里的习惯。开缸前，要先把倒扣的碗拿起来看看，如果遗体腐烂了，就择个日子，从缸底的通气孔举火，焚化了事；如果肉身形成了，就举行仪式，将他请出来供奉。"

在百岁宫、双溪寺、地藏禅寺、旃檀林等地观瞻肉身，我发现，这些全身舍利，如果不是有说明，一般人是看不出他们是肉身的，从外形看，他们已经是一尊尊的塑像。

"三年坐缸的肉身，原有的衣服腐朽了，但头发、手指甲、脚指甲会长出不少。这些现象，科学上也说得清楚，形成肉身一定要先脱水，人体一脱水，皮下组织就会缩紧，这样一来，显得肉身的头发指甲就像长长了；但有一些说不清楚的，像六十年一开塔的金地藏，几百年过去了，他的指甲仍然在生长，每次开塔都要剪一下。为了庄严肉身，有时需要调整一下他的姿势，用麻布或纱布包裹一下，然后上漆。有些肉身在上过漆之后，就可以供奉了。这就是《高僧传》中说到的'纻漆供奉'。有些肉身还要贴金。贴金一是表示尊贵，二是金有抗氧化的能力，有益于保存肉身。整个过程，大致如此。"

03 愿力的奇迹

中午饭后，南泉、南溪睡了。我请费先生到大觉寺客堂，一边品茗，一边讨教。

对于九华的山川地理、人文典故，费先生均可娓娓道来，不愧为名副其实的"九华通"。由于工作关系，经常在山中走来走去的他，与形成肉身之前的大兴和尚、明净和尚、仁义师太、慈明和尚等，都有过较多接触，对他们也相当了解。

1992 年 9 月 6 日，九华山很有名气的"站着睡觉"的"疯和尚"明净法师安然示寂。弟子遵和尚生前保护其身的嘱咐，将其跏趺坐缸。1998 年 12 月 1 日开缸，六年过去，明净法师肉身完好，颜面如生，体有弹性。如今，其肉身供奉于旃檀林老大殿内。

"当年他在世时，一直被人轻视。他穿的衣服很破，都是别人不穿的，他又捡来穿，浑身上下破破烂烂。他农民出身，没有什么文化，出家晚，又不会讲经说法，没有什么人把他放在眼里。"

"明净法师俗家姓徐，出家后，和他相熟的人依然喊他'老徐'。他也不生气，嘿嘿笑一下。刚出家时，他与其他僧人一样住僧寮，躺在床

空

真正的忍耐，不是软弱，是富有智慧与力
量的标志。真正能够忍辱的人，从来不是弱
者；被仇恨或报复的欲望所驱动的人，才是弱
者，他们面对污辱往往会失去正确的判断力。

上睡。后来，他坐着睡，用被子包住腿，坐在禅凳上，一坐一晚。这种只坐不卧，佛门称为'夜不倒单'。再后来，他觉得屋子里人气秽杂，就不进屋了，干脆在院子里过夜。也正是从这个时候，他开始站着睡觉。不冷不热的时节，他站在院子里；刮风下雨的时候，他站在屋檐底下；三九严寒，他站在大雄宝殿里面，在佛像前面，也就是平时香客来了磕头的地方。从卧到坐到站，可以看出明净和尚的修行越来越深。"

当时，费先生听说旃檀林的明净和尚站着睡觉，感觉很奇怪。人睡着了意识不能主宰时，他靠什么保持平衡？为此，他专门测试了一番。

"有一年深秋，我接待几个来自新加坡的朋友，他们听说山中有个和尚站着过夜，让我陪着去看看。那时，天已很冷了。我们去的时候，是夜里接近11点的时候。当时，明净和尚站在一棵大树底下，胡须上已经结了霜，他呼出来的气好像一片白雾。那时候我很淘气，想知道他会不会是假装的，就想做个试验。我和他原本很熟，过去我下放到农村的时候，他还没出家，我们经常在一起玩儿。我用手电筒照他的眼睛。一般来说，如果人醒着闭着眼，用手电一照，眼球在眼皮底下肯定要动的。而他眼球一动不动。我们几个人围着他转了几圈。仔细地观察，我发现，吸气时，他的身体微微后仰；呼气时，他的身体会微微前倾。一个人站着入睡，能保持平衡，确实是件神奇的事。"

对此，费先生归纳为"站禅入定"。

"香客们拜佛时，他在一旁说：'拜我好了，我是真佛。'人们听了，以为他说疯话。明净和尚修慧若愚，偶有颠倒妙语，被人视为'疯和尚'。"

肉身供奉于九华后山双溪寺的大兴和尚，生前名言为"好人好自己，坏人坏自己"，如今这句话在山中广为流传。

　　大兴和尚，俗名朱毛和，7 岁时被人贩子拐卖，9 岁时被家人找回。24 岁时，碰上南北军阀混战，他被抓壮丁，做了 6 年的司号员。31岁时，他逃离部队，跑到九华山百岁宫出家，做杂役挑水驮粮。后外出行脚，朝礼五台山、峨眉山、普陀山等佛国圣地。41 岁时，他重返百岁宫，做水头 5 年，每天挑水供全寺僧众饮用。1958 年，64 岁的大兴和尚来到九华山后山，为当时的佛教生产队放牛 20 多年。

　　这期间，大兴和尚如疯似傻。他经常与当地百姓嬉戏，如果百姓捉弄他，他就骂人："你们都是傻子，都是我的儿子。"不过，他骂人时，语气极为平和，像拉家常话一样。当地村里的孩子也不时找机会戏弄他，追着他问："和尚，你放了几头牛？"他不理睬，自顾自地走他的路。有时，走出几米远，他又慢慢地把头转回来，慢条斯理地对孩子们说："我放了你爸一头牛，你妈一头牛，你一头牛。"说完又慢悠悠地走，孩子们乐得直蹦。

　　一日，他挑着一担柴进城卖，要为寺里换下锅的油盐。一大早他就出发了，路过一村庄，看见一位老婆婆拔菜园篱笆当柴烧。他看到老人体弱，便将所担之柴送给了老人。回到寺里，他没法交差了，就对僧众大喊大叫："我今天认了干娘了，我有母亲了。"当家师默然一笑，也没有责罚他。

　　当地流传着大兴和尚的"神功奇迹"。有个村里小孩受了惊吓，痴呆呆的，被大兴和尚撞上。他走上前去，用手拍了拍小孩头顶，小孩竟回过神来，没事了。孩子父母感激不尽，留他吃饭，他也不客气，边吃边说："好人好自己，坏人坏自己。"

　　就这样，附近哪个村里的小孩受了惊吓，就请他去。

　　"好人好自己，坏人坏自己"，是大兴和尚的口头禅。

　　甘露寺住持藏学法师有文章写道，大兴和尚曾"烧掉"老双溪寺。

那是一年冬天，下雪了，大兴和尚刚用火盆将被子烤暖，便听到外面的孩子在打雪仗。他很兴奋，忙将火盆拿下床，出门跟孩子们疯玩去了。没想到，火盆中的火引燃了他的房间，火光冲天，浓烟滚滚，连带着烧掉了双溪寺。他回来看了这一切，还是那副疯疯癫癫的样子，嘴里咕哝着"好人好自己，坏人坏自己"。

在当地政府及信众的护持下，双溪寺得以重建。大兴和尚住进寺后低小的临建小房，他依然很疯很脏。1985年4月的一天，大兴和尚对住持说"要起单（离开）"，法师问他"去哪里"，他不说；又问他"什么时候走"，他说"三天后"。第二天清晨，大兴和尚在地上摔了一跤，不能走路了，他整天躺在床上，两眼直视天空，嘴里不时地说"空、空、空"。第三天，他真的走了，享年91岁。

因他走时预知时至，僧人们认为他有修行，将他遗体装缸。过了四年，僧众们将坐缸揭开一看，大兴和尚如活人一般，衣帽鞋袜都已腐烂，头发指甲还长出不少。于是，寺中建起大兴和尚肉身堂，贴金供养。

费先生跟大兴和尚见过面，但不是很熟。在他的印象中，大兴和尚很豁达，也多少有些玩世不恭。有人说大兴和尚缺少礼数，费先生认为那是"不拘小节"。他的衣食住行，在世人眼里，完全是傻乎乎的。世人追求的名闻利养、喜乐享受等，在大兴和尚眼里，完全没什么吸引力。

仁义师太的肉身，现供养于九华街通慧禅林。

费先生说，仁义师太的一生，颇具传奇性。

师太俗家姓姜，是东北人，原籍辽宁沈阳。1940年，她30岁时在山西五台山出家，得法名仁义。仁义法师潜心修持，农禅并用。1942年，她考入沈阳的一所中医学校学习医学。1950年，朝鲜战争爆发，她报名参加志愿军，随军入朝，施展医术，救治伤员。1953年年底，她回到国内在通化一家医院工作。1963年，她被下放到农村。1982年，她再赴五台山出家，在塔院寺受具足戒。1983年，师太朝礼九华山，长住于通慧禅林，以医术与众生结缘，施医舍药，利益大众。

1995年11月28日，仁义师太圆寂，享年85岁。装缸三年后，开缸时，发现仁义师太端坐缸里，黑白相间的发根又长出一寸左右，牙齿完好，皮肤毛孔清晰，身体尚有弹性，入缸十指相叠的手势也有了变化，右手抬高做捻针状。这是她为病人扎针灸的姿势。

"仁义师太手里拿的是度世金针。没有缆车那时，我去天台、东崖，上山下山，几个来回，腿肿得走不动路，多次找师太扎针灸。"说起这些旧事，费先生满脸感激之情。

"在我印象中，师太对自己要求非常严格，对他人却十分慈悲。她在九华街上开过义诊，帮助山里人解除病痛。来看病的人，如果有钱就给一些，如果没钱，她也给治。"

"在我看来，师太是潜行密用的典型。举个例子说吧，从我认识师太到她圆寂，这十多年中，从没见她发过一次脾气。"

当一天和尚——撞一天钟。这句歇后语，提醒人要"得过且过"。有谁曾想到，撞钟也是佛门的一种修行？

后来成就全身舍利的慈明和尚，曾在幽冥钟亭撞过多年的钟。

慈明和尚，俗姓陈，江苏高邮人。9岁出家，33岁时依止扬州高旻寺来果老和尚参禅，得老和尚赏识。1949年后，他一度参与兴建水利，在"根治淮河"的工地上，他一人挑起需几个人分担的400公斤筐土，获政府表彰并受颁奖旗，旗上绣"八百斤"三个大字。1961年春，他朝礼九华山，先后在多家寺院常住。1979年，他来到东崖钟亭，撞钟十余年。这期间，无论春夏秋冬、阴晴雨雪，他都按时撞钟。

上山下山，一来二去，费先生和慈明和尚熟悉了。

"慈明和尚身材高大，不怒自威，让人见了感觉害怕，可是和他交谈时，他却和蔼可亲。这个和尚面恶心善，平日里头戴济公帽，手持方便铲，走在九华山道上，走一步念一声佛号。"

"有一年，一批美国游客来九华山参观，在幽冥钟亭，他们拿出大把美金供养慈明和尚。慈明和尚摇摇头说'不要'。美国人很奇怪，问他是不是嫌少。他说：'不是，是佛有戒律，沙门不捉金钱。'清代才子袁枚不是写过'佛因香火富'吗？我看到的慈明和尚却不爱财。这件事，我印象很深。"

有一次，费先生陪来访的客人经过幽冥钟亭时，看到慈明和尚在做饭。他把米倒进搪瓷缸子，再加入一些水，悬挂在大香炉上，用香火煮饭吃。香火能有多大的热量？所以慈明和尚吃的饭，大多半生不熟。饭前，慈明和尚会先向着山巅喊一声："开饭了。供养佛，供养法，供养僧。"一缸子米，外加两块咸萝卜干，就是一顿。

说起慈明和尚，费先生兴致勃勃，还讲了另外一件趣事。

"台湾地区的游客来九华山，见到慈明法师，供养他一些巧克力。有一天，我陪客人来到幽冥钟亭，客人参观之际，慈明法师把我拽到一边，用手捂住我的眼，往我嘴里塞了个东西，问：'好吃吗？'我一尝，是酒心巧克力。问慈明和尚：'你怎么不吃？'他笑着摇着头说：'这个东西我不能吃，吃了就犯戒了。'我很奇怪，又问他：'你怎么知道这里面有酒？'慈明和尚没有回答。"

1991 年 11 月 26 日，慈明和尚预知时至，留下四句偈语："妄我成生灭，如是不变迁。真持亦放下，谁在叹空也。"他对徒弟说："我走后，你按佛教仪轨装缸入殓。三年后开视，可见我法身不腐。"

1995 年 3 月，僧众们开缸时，见到慈明和尚完好的肉身，毛发增长，喉结清晰，体肤无损，关节尚能屈伸，遂请至月身宝殿，现供奉于肉身殿北侧地藏禅寺大殿中。

费先生认为，佛门修行，有理入与行入，慈明和尚修的是行入。"从形式上，慈明和尚不食人间烟火；从思想上，他很豁达；他不会说法，不会坐下来和人讲大道理，但他跟谁都能接上话，他的言论也不拘泥于经教。有时被人尊重，有时被人瞧不起，对于他，这些都无所谓，他只管每日撞好自己的钟。"

多年前，我从报纸上读到有关九华山百岁宫无瑕和尚肉身的报道。到百岁宫参访时，我也瞻仰、参拜了无瑕和尚的肉身。在九华山可以观瞻的肉身中，无瑕肉身是年代最久远的。

无瑕和尚，法名海玉，明代僧人，原籍顺天府宛平县（位于今北京市丰台区）。23 岁时，他在五台山出家，后云游参访峨眉等佛国圣地。来九华后，他在插霄峰摩空岭结茅安居，庵名"摘星庵"。无瑕持戒清修，以烟霞为伴，不食人间烟火，饥食黄精、葛根，渴饮山涧泉水。居庵修行期间，他刺舌血掺以金粉，抄写《大方广佛华严经》，前后历时 20 余年，抄完 81 卷。

1623 年秋，110 岁的无瑕和尚作偈一首："老叟形骸百有余，幻身枯瘦法身肥。岸头迹失魔边事，洞口言来格外机。天上星辰高可摘，世间人境远相离。客来问我归何处？腊尽春回尽见梅。"嘱弟子将其遗体坐缸，三年后再见。他安然而逝。

三年后启缸，无瑕和尚肉身栩栩如生，面貌完好，遂装金供奉。其弟子"建寺宇，造戒堂，立方丈"，易庵名"百岁宫"。明崇祯帝闻获此事后，敕封海玉为"应身菩萨"，赐额"为善为宝"，赐海玉肉身塔名为"莲花宝藏"。

说起无瑕和尚肉身，还有一些不可思议的事。

1718年，清康熙五十七年，百岁宫失火，僧人要把无瑕和尚肉身请到外面，以免烧掉。无瑕肉身很轻，平时一个人就能搬动。起火那天，七八个僧人怎么抬也抬不动。僧人们说："你老人家如果不走，我们就都不走！"此时，僧人们惊见无瑕和尚肉身将双手抬了起来，随之而来，天降大雨，把烈火浇灭。从此，无瑕和尚肉身的双手掌心朝下。（引自《百岁宫应身菩萨事迹记》）

费先生说："圆寂一两百年后，这个手是不是能翻过来，我不敢妄加评论。据我估摸，应该是他当年在山洞里面，完成了浩大的刺血写经工程之后，把81卷血经就放在自己的跏趺坐的双腿上，两只手搭在经书上，然后就这样圆寂了。他的两腿和两手之间的这个空当，应该放的就是那一摞血经。没有装订过的血经，81卷应该有这么高。"

"文革"期间，九华山有五尊高僧肉身先后被毁。当时，百岁宫的僧人惟能、普光、悟广等为保护无瑕肉身，冒着生命危险，连夜将其藏在寺外山崖上的一个山洞里。1977年10月，僧人们把藏在山洞中的无瑕肉身请出来时发现，安放肉身的铁架已经锈烂，而肉身完好无损。

当年，无瑕和尚刺血抄写的《大方广佛华严经》，现珍藏于化城寺九华山佛教文物馆，完好无损，赤色未褪，字迹端庄，为国家一级文物。数日前，蒙化城寺住持常敏法师慈悲，我得以近距离观瞻。

费先生说："除了说到的这几尊，九华山还有庙前镇天台下院供奉的普文和尚肉身、甘露寺供奉的慧诚和尚肉身。我总结了一下，有个很有趣的规律，当代形成肉身的这些和尚，生前大多被人轻视。"

费先生的话，让我想到《法华经》中的常不轻菩萨。

释迦佛说，在威音王佛度化众生的世界，有一位菩萨，谦虚恭敬，每逢见到出家、在家修行人，他都恭敬礼拜，并赞叹说："我尊重善知识，不敢轻视你们，你们行菩萨道，将来都要成佛。"

有心不洁净、嗔恨心重的人，对菩萨的行为不屑一顾，甚而破口大骂："你一个没有智慧的人，来自何方？竟然来给我们授记，说我们将来成佛。我们不需要你的虚妄授记。"

对于呵斥辱骂，菩萨不生嗔恚，继续礼敬众生。有时，有人用木棒打他，用瓦石投他，他一边躲避一边高声说："我不敢轻视你们，你们将来都要成佛。"

因为他常这么说，人们就叫他"常不轻"。这位菩萨后来听到虚空中威音王佛宣说《法华经》，眼耳鼻舌身意六根皆得清净，菩萨广为四众讲经说法，以前打骂过他的人无不信服，都前来听法受教。

这位常不轻菩萨就是释迦佛的前生。

常不轻菩萨坚信众生是尚未觉悟的佛陀，即便遭受辱骂、打击，也不生嗔恨之心，最终由忍辱而成就。这些道成肉身的僧人们，在现实生活中，他们忍人所不能忍，行人所不能行，超越了众生无法逾越的障碍，同样成就了愿力的奇迹。

由此可知，真正的忍耐，不是软弱，是富有智慧与力量的标志。真正能够忍辱的人，从来不是弱者；被仇恨或报复的欲望所驱动的人，才是弱者，他们面对污辱往往会失去正确的判断力。

同样是沉重的肉身，这些菩萨在我们中间，成就了金刚不坏之躯，而我们却为了满足个人的欲求，行走于世间，努力地操持着俗务。当生命抵达终点时，我们能得到什么、留下什么、成就什么？

与费先生交流时，有一只蜻蜓从室外飞进客堂。它围着我们盘旋了一会儿，又折身向门外飞走了。

显然，对于我们探讨的话题，它没有什么兴趣。

04　凡所有相，皆是虚妄

一天，南泉、南溪让我介绍几部常见的佛经，并说说我的理解。

读《法华经》，从"佛为众生授记、普门度化"的经文中，我归结出一句："佛陀是觉悟了的众生，众生是尚未觉悟的佛陀。"读《金刚经》，从"法尚应舍，何况非法""若以色见我，以音声求我，是人行邪道，不能见如来"中，我归结出一句："无住生心。"读《华严经·入法界品》，从善财童子五十三参，问学于一百多位善知识的经历中，我归结出一句："我之外，皆我师。"读《心经》，从"色不异空，空不异空""诸法空相，不生不灭"的论述中，我归结出三个字——"观自在"，即既看到自我的存在，又不落入我执的陷阱。

"等一下，等一下，"南溪打断我，问了一个问题，"既然是'诸法空相'，为什么释迦佛及后来的高僧们，要留下这么多的舍利、肉身？"

这个问题，让我想起费先生说过的一席话。

"受世人崇敬、膜拜，显然不是佛菩萨的目的，让众生从苦恼中解脱出来，才是大乘佛法的至高境界。这也是释迦佛的基本思想。然而，让世间芸芸众生来理解这一境界，并非易事。所以佛陀、金地藏及高僧们，用舍利、肉身这种奇特的修行现象，向世人展示佛法的精妙。世间

　　《高僧传》记载，历史上曾有许多僧人死后身体不坏，如道林和尚"亡后犹见形"。唐代道宣法师在《续高僧传》中记载僧人遗身"灰骨涂像以陈身奉之"，写的就是肉身舍利事。道宣法师将肉身现象与埋尸塔侧等并列，说这样做"据律则罪"。——按佛教戒律说，出家人死后一律火化；保留肉身，则有违律制。

事，你们做不到的，我能做到。这样一来，你就会尊敬我，我的一言一行，才能对你产生影响。'诸法空相'嘛，肉身不过是一个臭皮囊，本来没有什么价值。可是演戏需要道具，那好，既然众生需要，我就把肉身作为道具保留一下给你们看。"

南溪接着问："人们来九华是不是为了看肉身？"

释迦佛说"凡所有相，皆是虚妄"。执着于肉身，对学禅者来说，也是着相。

《遗教经》载，释迦佛临终前，对身边的僧人说："不要崇拜偶像，要以自己的心为岛屿，以戒为师。"

释迦佛知道"求解脱毕竟要靠自己"，但为了让众生对解脱苦恼充满信心，他又不得不"先以欲勾牵，后令入佛智"，因为世人总希望有个外在的主宰为他们提供帮助。

本该"应无所住"，但这个目标，对于俗世众生来说，太高了，那就先说"有所住"，等他入了门，一步步明白了，再来领会"应无所住"。这就像九华山的肉身菩萨们，示现这种神奇，无非是令世间人瞪大眼睛，来观看，来研究，本质上是一种接引众生的方便。

禅门有位天然禅师，他曾四处参访名山圣地。

冬日的一天，他在一座寺院里栖身。寺里人对他说："我们寺院人多房子少，实在无法安顿你，你能在大殿里凑合一夜吗？"

大殿空空荡荡，又冷，怎么过夜呢？为了取暖，天然禅师把大殿里的木雕佛像搬过来，点燃烤火。

第二天，寺院住持责问他："你为何要烧我的佛像？"

天然禅师说："我想烧取舍利。"

"木佛怎么会有舍利？"

天然禅师说："既然没有舍利，就不是真佛，烧几尊又有什么关系？"

南溪听了这则"天然烧木佛"的公案，呵呵地笑了起来。

不光肉身，佛教的寺院、殿堂、佛塔、佛像，存在的根本目的，就是让众生生起智慧与慈悲之心。这些不同形式的存在（相），是接引众生听闻佛法的方便。天然烧木佛，及其与住持的一番对话，何尝不是怕众生痴迷于外相、不识"心即是佛"而合演的一出好戏？

肉身现象，并非专属九华山的独特现象，在佛门并不少见。

《高僧传》记载，历史上曾有许多僧人死后身体不坏，如道林和尚"亡后犹见形"。唐代道宣法师在《续高僧传》中记载僧人遗身"灰骨涂像以陈身奉之"，写的就是肉身舍利事。道宣法师将肉身现象与埋尸塔侧等并列，说这样做"据律则罪"。——按佛教戒律说，出家人死后一律火化；保留肉身，则有违律制。

因此，僧传中也有这样的记载，有些僧人逝去多年，人们发现了他的尸身没有腐坏，仍然要埋葬或荼毗（火化），如历史上的宝印禅师、师范禅师、湛堂禅师等。这一做法，不仅是僧传作者对肉身的态度，也代表了当时佛教界对肉身的普遍态度。

当然，留下肉身舍利，以此为道具，来教化众生，也没有什么不妥。然而，尚未拥有正知正见的众生，如果一时难以明白释迦佛说的"凡所有相，皆是虚妄"，过分执着于肉身现象，也会闹出一些笑话。

如藏学法师《转眼看世间》中的一则故事。

有一天，藏学法师与一居士开玩笑："我去后，烧出的舍利全归你。"

该居士狂喜，激动地问："你能不能烧出又大又圆的舍利？"

小哀喋喋，大哀默默。听了这位居士的话后，藏学法师无言以对。

166

他在内心深处感慨:"难道一颗又圆又大的舍利竟那么重要,难道一个鲜活的生命竟不如那一片死寂?"

释迦佛从来没有让人去向往舍利与肉身,而是劝勉世人真切地把握好当下的每天每时、每分每秒。世间人何时才能明白呢?

1966年秋季的一天黄昏,在九华山下的青阳县城读小学的冷樵,放学回家听到左邻右舍在议论着什么。一打听,他才知道,青阳水府庙供奉的肉身菩萨的真身,被破除迷信的革命小将点燃化为了灰烬。肉身菩萨燃烧时,散发出浓烈刺鼻的焦煳味,在空气中飘荡,久久不散。

青阳如此,青阳之南的九华山,同样在劫难逃。

据有关资料介绍,九华山上,隆山法师肉身(修枯槁禅,住山洞十余年,曾任祇园寺方丈,1841年坐在法座上圆寂)、常恩和尚肉身(甘露寺常住,吃其他僧众的剩饭剩菜;曾做烧火、撞钟、看管菜园等杂役;看护山林时,见到偷伐林木者,他不责罚,而是向来者磕头,请求他们勿扰僧众;1908年圆寂)、法龙和尚肉身(募建翠云庵,今九华山吊桥寺,1913年圆寂)、华德和尚肉身(在俗家时,曾中秀才,工于诗书画,但因染赌博恶习,输掉家产,后出家,严持戒律)等,均毁于"文革"。

烧毁肉身菩萨的事,在青阳县城引起不小的震动。那时,冷樵年纪尚小,他并不能完全理解大人们为什么扼腕叹息,但隐约感觉到,大人们对这些行为并不赞同。

释迦佛说:"此有故彼有,此无故彼无。"世间的事物,苦空无常,缘来缘去,因缘和合。肉身之存没,也无法超越因缘法的范畴。

然而,肉身在,则庄严示现;肉身没,则本来无物。

　　在泰国，曾有人与隆波田禅师探讨佛舍利的问题。提问者想弄清楚究竟舍利是骨头转化成的晶体还是被烧过的骨头。隆波田禅师这样告诉他："佛的事不干我们的事，我们的事也不干佛的事。但是，释迦佛指示我们应该明白所有关系我们的事，当你真认识自己时，佛来不来都无关紧要了。"

　　肉身存殁、舍利有无，如果有谁对此有所执着，不妨念诵一下近代高僧八指头陀诗句："虚空粉碎浑无事，大地何曾有一尘？"

05　沉重的肉身

车在近乎废弃的山路上颠簸前行着。路边不时出现警示牌，此处属于山体滑坡地带，过往车辆请绕行。道路前方，不时出现几块不规则的巨石。车小心翼翼地前行着，后来停泊在一片树林外。

梵音熄灭发动机，她说："剩下的路，就要靠我们的双脚来走了。转身洞在树林深处的山崖上，我们先去找果勇法师，请他带我们上山。"

林间路是一条土路。梵音指着路旁竖着放置的一截树干说："果勇法师在。"我问她为什么这样肯定，梵音指了指那截树干："果勇法师如果外出，会把它横在路中央。"

这截树干，颇有古风，让我想起日本茶庭甬路上的"关石"。如果放在路中央，则表示主人不便接待客人。

林中树，为了争取高处的阳光，长得又高又直。背光的枝叶，有些黝黑。高处的叶片在风中抖动着，不时地闪耀着阳光，道道阳光从树的枝丫间洒落下来。我看到一根树枝从树叶的遮蔽中伸出来，有些扭曲的树根伸展出地面。林密不见日，树下无杂草，可能是高处的叶片遮挡住阳光的缘故。

除了隐藏在树丛中的蝉鸣之外，周围一片静谧。树枝稀疏处，树林

　　相传，当年地藏菩萨化身的金乔觉曾在这里打坐修行。当时，他想去秀美的黄山开辟道场。然而，当他站到山高处，望望黄山又望望九华时，发现九华间多盆地，乃良田美池桑竹之乡。于是，他转身回来了。

顶端依稀可见九华山不规则的山峰，天空一片湛蓝。远处出现一座黄泥小屋。两只狗，一黄一灰，边跑边叫迎上前来。看到梵音，两只狗围着她欢快地转起圈来。梵音喊它们小黄、小灰。

路的尽头是一条山溪，流水潺潺。河畔那座外墙涂满黄泥的小屋，原来是看林人住过的小屋。看林人走后，果勇法师搬进来，作寺院用，起名普渡寺。果勇法师听到狗叫，从屋子里走出来。见到我们，他双手合十，黝黑的脸上堆满笑容。

据梵音介绍，1993 年，果勇法师身体不适，到南京一家医院检查，被诊为肝癌晚期。医生建议他回山保守治疗。回到九华山，果勇法师拖着沉重的肉身进入深山，来到转身洞，结茅而居，坐禅静修，静待生命最后的一刻到来。然而，不知不觉又活了四年。1997 年，他又到南京那家医院复查，肝癌已经消失。医生也赞叹他创造了生命的奇迹。

果勇法师带我们踏过吱嘎作响的小木桥，行向大山深处。河对岸，有一条古道，由硕大的鹅卵石铺成。据说这是过去的朝山香道，起于青阳县南阳湾，止于九华街，全长 20 公里，今已废弃。

路右侧，出现了一处破败的寺院废址。当年，行走在古道上的人们，天黑时，可以借宿寺中，饮食歇脚。随着古道荒芜，寺院也废弃了。

邻近上山路的古道旁，有一株直径一米多的千年树。这株树上挂满了红绸子。果勇法师说："这棵树很有意思，你们看，它长着四种不同的叶子：小而圆的是槐叶；细长的是柳叶；巴掌大的是栗叶；还有一种又宽又长的叶子，叫不上名字。"

这是鸟儿的杰作，还是自然的奇迹？这株树，叶片郁葱，生命力旺盛。古人有言"世上常见千年树，对面难逢百岁人"。概括得尤其令人感慨。人的生命，较之天地间的树木，也是短暂的。

拾阶而上，走了十多分钟，来到转身洞前。转身洞所在的山脉是一座分水岭。山东边的溪水，流入青弋江，在芜湖入长江；山西边的溪水，流入龙溪，在铜陵入长江。

眼前的转身洞十分简陋，洞深约 6 米，面积约 20 平方米。洞口有一堵墙，由石块、条石和瓦片砌成。洞中供奉着一尊地藏菩萨的石刻像，像前摆放着一只石香炉，炉中少许香灰。洞是古洞，石墙上刻有"金修洞，慧广，乾隆二十九年七月募化"等字样。石头上还有其他文字，但漫漶不清，无从辨认。

转身洞左侧的山岩，有一天然的 U 形裂隙，人可以侧身上去转一圈。南泉、南溪对我说："你太胖，可能挤不过去。"他们争先恐后地爬了上去。良久不见他们回来，喊了他们两声，他们在洞外应声。感到好奇的我，也踩着石阶爬了上去，绕了一圈，也置身洞外。

相传，当年地藏菩萨化身的金乔觉曾在这里打坐修行。当时，他想去秀美的黄山开辟道场。然而，当他站到山高处，望望黄山又望望九华时，发现九华山间多盆地，乃良田美池桑竹之乡。于是，他转身回来了。

转身洞外，有一眼古井，由石块垒成，保存完好。俯身井口，清澈见底。井旁有一只竹勺，我拿起舀了一勺，井水入口，清凉中还有一分甘甜。

转身洞外，有片竹林。前人咏竹，有"未曾出土先有节，及至凌云仍虚心"句。能虚心者，竹为代表。我走到竹林里，捡来一截竹身，锯成留了提手的一节竹筒。绿绿的，拿在手中，嗅一下，有竹子的清香。回到北京后，竹筒开始泛黄，我在其中养了一枝绿萝，挂在素壁上。有时看到它，我便想起客居九华的那段时光。

来到山下，天快黑了。

我们与果勇法师告别。南溪回望转身洞，感慨万端："这地方真安静，我能不能在这里住一段，静静心，写写生。"果勇法师说："那你就留下来吧。"我和南泉、梵音都鼓励南溪留下来，住一夜，明天再来接他。南溪搔了搔头，显然他在进行思想斗争，然而他最后还是决定回大觉寺。

往回走时，小灰跟在我们身后，一直送我们到停车的路口，它才恋恋不舍地转过头，往密林深处跑去。

起风了，风吹树林，沙沙作响。这林间树，也有情有义，在离别之际，"相送当门有'松杉'，为君'枝枝'起清风"。世间多相聚，也多离别。相送再远，依然要面对离愁。所以更应学会珍惜在相聚时刻，待人亲切，对事诚恳。

回大觉寺的路上，回味"一期一会"这句禅语，我感觉到，山还是方才的山，路还是方才的路，此时此刻，心境已与方才有所不同。

去百岁宫时，在路畔遇见两座石塔。有游客看到塔很欢喜，嚷着要同行者为他拍照。当他细读塔前石碑上的文字，弄明白这是安葬僧人的墓塔后，马上阴沉下脸，连说"晦气"，接过数码相机，把刚刚拍下的照片删掉了。

他所忌讳的，是一个"死"字。

人类最大的恐惧，莫过于面对死亡。东西方皆然。莎士比亚曾借哈姆雷特之口说："谁愿意负着这样的重担，在烦劳的生命重压下呻吟流汗？倘不是因为惧怕那不可知的死后，惧怕那从没有一个旅人回来过的神秘之国？"

"神秘之国"，就是我们的无明之城。

无明，就是不能如实知见，不能通达真理。人因为无明，往往无法理解事物与事物之间的依存关系，执取贪爱分别，造就诸多烦恼。无明之城的火焰，都是黑色的。我们看不到它的燃起，只能感受它所带来的焦灼与痛苦。不能正确地认知"死"的现象，是人类无法步出无明之城中的一重障碍。

　　人类最大的恐惧，莫过于面对死亡。东西
方皆然。莎士比亚曾借哈姆雷特之口说："谁
愿意负着这样的重担，在烦劳的生命重压下呻
吟流汗？倘不是因为惧怕那不可知的死后，惧
怕那从没有一个旅人回来过的神秘之国？"

佛门无忌。释迦佛曾明确地指出，只要生而为人，就要面对八种苦楚，"死"之外，还有"生"（活着就有痛苦）、"老"（青春易逝，衰老逼迫）、"病"（四大不调，身体不适）、"爱别离"（相爱的人要分别）、"求不得"（渴求的得不到）、"怨憎会"（总是与怨家仇人见面）、"五蕴炽盛"（为看到的、听到的、想到的、遇到的、感受到的事物所迷惑，迷失自我）。

在生活中，如果不能直面"死是客观存在"这一真理，人会深深陷入"苦海"。死亡作为一个事实，无论你如何惧怕、如何回避，没有谁能逃脱。

在死亡面前，众生平等，无论青春貌美还是老成持重，一贫如洗还是家财万贯，平民百姓还是位高权重，谁都没有免除死亡的豁免权。

也包括我们尊敬的导师释迦佛。

生与死各自的疆域之间，并没有分明的界线。

人们甚至不知道，死亡其实是每个人迫在眉睫的事。——当然，很多时候，人也不愿意明白。

……星星在哪里都是很亮的，就看你有没有抬头去看它们。……日子就像一盒彩色巧克力豆，你永远不知道下一颗你摸出的是什么颜色。……死亡不会像做菜那样，把所有的料都准备好了才下锅。……好多东西都没了，就像是遗失在风中的烟花，来不及说声再见，就已经消逝不见。……死亡是生命永远的伴侣，一直常伴左右，他一直注视着你，直直地盯视着，直到某一刻，他轻轻地拍了拍你的肩……

正因如此，佛门中人便以"死"来提醒自己要加紧修行，以期超越"人生苦海"。比如近代印光法师，他在床头的墙上挂了一个大大的"死"字。他说："修道之人，心中念念不忘此字，则道业自成。"

认识到万法无常、诸法无我、缘起性空，就会明白痛苦的本质及其原因，接受这一事实，积极面对，就能够智慧、慈悲地过好当下每天的生活。

如诺贝尔文学奖得主、法国作家安德烈·纪德所说："不是经常地想到死，是不能令人充分体会到每一瞬间的价值的。难道你不明白，每一瞬间假使不衬托在死亡这片漆黑的背景上，它就不会有这种可爱的光影。"

许多高僧或在家学佛者，如弘一法师、香港旭日集团的杨洪先生等，寿命并不长。为什么这些人精进修行，而无法长寿呢？曾有人就此问题向河北赵州柏林禅寺的明海法师请教。当时，我恰好随侍在侧。

"生命的意义在于质量，而不在于长度。一个人能无怨、无悔、无忧地过自利利他的生活，他的生命是不能以长短来论的。释迦佛在《金刚经》中提醒人们，不要执着'寿者相'。人所说的长寿，放在浩渺的时空中来看，也不过是在这个世界上多待了一会儿而已。"明海法师悠然地说。

"不过是在这个世界上多待了一会儿而已"，这个说法，后来，我在佛教的《俱舍论》中找到了印证。

"人间五十年，为四天王天一昼夜，四天王天五百岁，才是等活地狱的一昼夜，而等活地狱有情的寿命有五百岁。人间百岁为三十三天一昼夜，而三十三天寿一千岁，等于黑绳地狱一昼夜，而黑绳地狱有情的寿命有一千岁。人间二百岁为夜摩天一昼夜，而夜摩天的寿命二千岁，等于众合地狱的一昼夜，而众合地狱有情的寿命有二千岁。人间四百岁为兜率天一昼夜，而兜率天的寿命四千岁，等于号叫地狱一昼夜，而号叫地狱有情的寿命有四千岁……"

仔细地揣摩一下这段关于时间的佛教相对论，对于生与死，我们是否能够有所会心？

借由沉重的肉身，对生死进行凝视，能够帮助人们从充满纠缠的当下生活中脱身而出。此时，我想起四个字："临终的眼"。

这是日本作家芥川龙之介在辞世前的遗书中写下的一个词。他说："……自然之美只映照在我的临终的眼里……"

对于"临终的眼"，诺贝尔文学奖得主、日本作家川端康成深有体会："在修行僧的冰一般透明的世界里，残香燃烧的声音听起来仿佛要使整个世界燃烧，香灰落下的声音听上去犹如电闪雷鸣。这或许是真的。所有艺术的极致，就是这'临终的眼'。"

"临终的眼"，颇有禅的意味。

在一期一会的此生中，禅者对世界万物，都怀有大爱心，既爱且惜，却没有占为己有的分别与执着。禅者看万事万物，都有如以临终的眼看最后一眼。

也许正因为有死的映照，禅者实在地感受到生之真切。

以临终的眼，看眼前的一切，有什么不可以欣赏呢？又有什么不可以放下呢？

陆

陰云漫步

01　山路上的《心经》

午休后，费先生开车把我们从大觉寺送到缆车站，他告辞而去。

缆车缓缓上行，脚下是松柏、云杉、桂花、苦楝、翠竹覆满山坡的层层山峦。有些颀长的松柏，伸长的枝叶探摸着缆车底。林海深处，不时闪现出一座又一座赭黄色的寺庵。远处的山峰连绵延伸，如伸长的臂膀，将九华山的万千秀色揽入怀中。

出了缆车站，拾阶而上，先去古拜经台。

古拜经台在观音峰上、天台峰下，是通往天台峰的要津。古拜经台，又名"大愿庵"，始建于唐，历代有所增建。在标示着"古拜经处"的殿堂内，最吸引人的，是那块突出地面的长方形岩石，上有微微内凹的一双大脚印。相传，当年金地藏在此拜诵佛教经典，日久天长，足迹印入石中。我脱下鞋来，在一旁比照了一下，金地藏的脚实在是太大了！

古拜经台之上，有一峭立的巨石，酷似"老鹰扒壁"，那就是九华山著名的"大鹏听经石"。相传，金地藏诵经时，有只老鹰飞来听经，时间一久，化为山岩。这些民间形成的有趣传说，听听也就罢了，不可当真。因为记录释迦佛言教的经典，不是传说中的魔法书，更不会让充

古拜经台之上，有一峭立的巨石，酷似"老鹰扒壁"，那就是九华山著名的"大鹏听经石"。相传，金地藏诵经时，有只老鹰飞来听经，时间一久，化为山岩。这些民间形成的有趣传说，听听也就罢了，不可当真。因为记录释迦佛言教的经典，不是传说中的魔法书，更不会让充满生机的生命变成冰冷的石头。

满生机的生命变成冰冷的石头。

上天台峰的路上，千余级石阶。山居数日，南泉已经习惯了山路，他踩着陡直的石阶轻便前行，不一会儿，就把我与南溪甩在后面。

走不多远，南溪和我气喘吁吁。

南溪心存疑惑，问我："那双脚印真是菩萨留下来的？"

"传说中是。"

这个答案，不是南溪心里渴望得到的。一边爬山，一边说话，氧气的消耗量在大幅增加，南溪只顾大口喘息，已经顾不上再质疑了。

古拜经台的脚印、化城寺的大鞋、月身宝殿的地藏塔、路边巨石上的"南无大愿地藏王菩萨"的石刻、九华诸寺中的地藏菩萨造像，以及佛教特有的其他的外在表现形式，如藏传佛教的经幡、风马旗、玛尼石、转经轮，这一切，到底是不是迷信？

山居数日，我不断深入地思考这个问题。

据《佛顶尊胜陀罗尼经》记载，风经过刻有经文、真言、祈愿文的刻石、旗帜时，无论它吹向哪个方向，都能帮助那个方向的众生从痛苦与烦恼中解脱出来。这与地藏菩萨的大愿是相同的。

这些外在的信仰方式，其存在的意义与价值，是帮助人们将自己与内在的真理联结起来。殿堂建筑、法会节庆、宗教圣迹、经典造像，这些有形的事物，目的之一便是提醒人以正念觉照当下的生活。

包括人们经常念诵的"南无地藏王菩萨"等圣号或"唵嘛呢叭咪吽"等真言咒语，持诵它，并不是要以此来抵御外在的灾害，而是对治心灵的散乱、混乱与不专注。不断地重复一句简短的话，从心理学的角度说，这个持久复述的行为本身，有助于消除人的消极心理因素（业障、负能量），培养积极的心理因素（功德、正能量），随着积极心理因素的累积，人的思想（念头）的流水得以净化，心灵变得纯净、平静，从而增强并壮大积极心理因素（功德、正能量）的力量。

南泉在前面不远处停下来，他转过身子，笑着问："你们能不能走快些？"

不停地抬起、放下，两条腿又酸又痛又胀。眼前只有一级一级数不清的石阶，天台禅寺还在更高处、更远处。不想前进了，可是一回头，往回走，也是一级一级的石阶。人在中途，上下都很艰难。怎么办？既来之，则安之，鼓励自己继续前行吧。恰巧，路旁有根他人遗落的树枝，我捡在手中，当作挂杖。有了这个挂杖作支撑，再迈步时，轻松多了。

南溪气喘吁吁地跟上来："老马，我想问问你，爬山爬累了，不想再爬了，是不是放下呢？"

"不是。"

"为什么不是？"

"放下不是放弃，而是不执着。"

"怎么个不执着？"

"比如，我们的目标是到天台峰，走累了，可以歇一会儿继续走。如果因为累，就放弃最初的目标，那不是放下，是执着于累的感受做出了消极选择。不执着，就是我们登上天台峰，也不想不下来。"

石阶转弯处，吹来一阵温柔的轻风。越到高处，人越能感受到风的流动。很快，汗流浃背的潲湿感，被风吹走了，身体干爽，满心欢喜。

山路旁岩石罅隙间，有一朵野花在微风的摇晃中像人探出头来。像午睡刚醒来的孩子，胖乎乎的小手揉搓着粉嘟嘟的脸蛋，满脸笑容。鲜嫩的黄色花蕊，暗红色的花瓣，洋溢着生命的光彩。

眼前这朵小花的笑容浸染了我。

花开见佛。花是净土的音讯。这朵花告诉我，眼前这个世界，就是佛的净土。

说到佛教的净土，人们总喜欢与其他宗教的天堂作比较。犹太教的经典《塔木德》中有这样一个关于天堂的故事。

一名犹太教徒在梦中进入天堂。令他吃惊的是，那里的圣者所讨论的，依然是犹太法典中的棘手问题。"难道这就是天堂的生活？"教徒叫道，"他们在这里做的和在地球上做的竟然是一回事！"这时，有一个声音呵斥他："你这个傻瓜，你以为圣者在天堂里吗？恰恰相反！天堂在圣者们中间。"

天台峰右侧的玉屏峰上，刻有"高哉九华与天接，我来目爽心胸扩""登峰造极""龙华三会"等摩崖石刻。来到这里，再仰望天台峰顶的天台禅寺，已近在眼前。

天台禅寺，又名地藏禅寺，相传为金地藏的修行之地。游九华山，有"不登天台，等于没来"之说。寺内大殿里，朝拜者众多。我与南泉、南溪来到大殿右前方的捧日亭小坐。此处是九华观日出的佳地。但此刻云雾满山，又是下午，自然无日可观可捧。亭下有两个僧人对弈，楚河汉界，车炮轰鸣战事紧，一时难看出输赢。

寺后，有一道突出的山脊，陡峭艰险，我紧抓山脊上的护栏铁链向前挪步。伸头向外，铁链那边，是刀削般的悬崖峭壁。胆小点的，看一眼腿就要抖了；胆大点的，也会深吸一口气。

前行至平缓处，巨石磊磊，古松落落。道路的正前方，有两块七八米高的巨石，它们耸峙相挤，却被劈开一缝，可容一人擦肩而过，堪称鬼斧神工。人在石缝中倚壁仰望时，能看到碧天一线，故此石名

"一线天"。

"一线天"的后面，又是一个豁然的小平台。

平台上，有数只九华灵猴，正在松下嬉戏。见有人来，它们就大胆地凑上前来"化缘"。十余位来自台湾地区的游客，穿着大红大绿，引起灵猴们的关注。灵猴们以为她们是大施主，凑上前去，围追堵截，令她们站在那里不敢妄动。导游赶过来，先是大喝一声，吸引灵猴关注自己，随即朝人群外的方向扔出一些糖果，灵猴一窝蜂般前去争抢，数位台胞方得解围。

古话说"从善如登"。一路上山，感受尤深。然而，如果不攀登这艰难的山路，就无法理解人为什么要去寻找内在的善。

内在的善，上帝说是"爱"，佛说是"慈悲"。爱是有条件的，上帝只爱信仰他的人；慈悲是无条件的，释迦佛对于众生，无论是否信仰他，都予以慈悲，甚至有的禅师说："善人尚可得度，况恶人乎？"有条件，则受条件限制；不讲条件，则没有限制。这正如释迦佛在《金刚经》中指出的，"一切圣贤皆以无为法而有差别"。

行走山路的感觉，和当初读到《心经》时的感受有所相同。未读经时，感觉世间一切平平常常，不过如此；读经之后，尤其是领会"色不异空，空不异色"，学着"观自在"时，才陡然发现，世间的一切存在，都是那么的庄严、那么的不可思议。

一路走来，山道虽不言语，却在提醒我"忍耐就是智慧""禅不是用来夸矜的知识"，更不是"一盏悠闲醇厚的下午茶"，而是身体力行走向灵山深处的心灵道路。

明白了这一点，纵然只身独行，也会时有诸佛菩萨诸位祖师随侍在侧之感，如"故人常在身边"，迈出每一步，都踏实、喜悦。

02　闲坐观蚁忙

南溪忙着拍摄远近的山景云景。南泉绕过平台，往更远处走去。我有些累，闲坐在山石上，捶捶腿，搓搓脸，调整身心。

石头上有数只蚂蚁，忙忙碌碌地来回跑着。

我从手上扯断一些翘起的皮肤角质，丢到它们跟前。不一会儿，有一只蚂蚁爬过来，它嗅了嗅，迅即捡起，朝远处爬走了。不一会儿，又有数只蚂蚁聚过来，它们伸出触角，像对话一样相互碰触，然后从平台上扛起碎皮，陆陆续续走了。

蚂蚁是最为勤劳的一种昆虫，一生中的大部分时间，都在辛勤劳作。它们生活在一个有组织的群体中，一起工作，一起建筑巢穴，一起外出觅食。觅食中，如果遇到死去的一只螳螂或一条蚯蚓，它们便召集来同伴，一起想办法把这超过体重百倍的食物拖回蚁穴。

蚂蚁的生物行为，对人类有着别样的启发。《圣经·旧约》说："去察看蚂蚁的动作，可以得到智慧。"美国学者吉姆·罗恩说："多年来，我一直给年轻人传授一个简单但非常有效的观念——蚂蚁哲学。蚂蚁哲学分为四部分：第一永不放弃，第二未雨绸缪，第三期待满怀，第四竭尽全力。"

日本禅师白隐外出乞食时，会在草庵门
上贴一张纸条。纸条上面写着："暂时不在，
如同死人。"这句话，深藏禅机。

眼前的蚂蚁，让我想到了由弘一法师提倡、丰子恺前后画了46年的《护生画集》。初读之时，总感觉那套书充满说教。后来，读到丰子恺的《则勿毁之已》一文后，才多多少少对他们的悲心有了些微的理解。

……《护生画集》之旨，是劝人爱惜生命，戒除残杀，由此而长养仁爱，鼓吹和平。惜生是手段，养生是目的。故序文中说"护生"就是"护心"。顽童一脚踏死数百蚂蚁，我劝他不要。并非爱惜蚂蚁，或者想供养蚂蚁，只恐这一点残忍心扩而充之，将来会变成侵略者，用飞机载了重磅炸弹去虐杀无辜的平民。故读《护生画集》，须体会其"理"，不可执着其"事"。

弘一法师在临终前，对蚂蚁这样的小生命，也心怀牵挂。
在《弘一法师年谱》所附录的遗嘱中，有这样一段文字。

……遗骸分为两坛，一送承天寺普同塔，一送开元寺普同塔。在未装龛以前，不须移动，仍随旧安卧床上。如已装入龛，即须移居承天寺。去时将常用之小碗四个带去，填龛四脚，盛满以水，以免蚂蚁嗅味走上，致焚化时损害蚂蚁生命，应须谨慎。再则，既送化身窑后，汝须逐日将填龛小碗之水加满，为恐水干后，又引起蚂蚁嗅味上来故。

弘一法师的遗言、丰子恺的文章与图画，均涉及对小蚂蚁的呵护。以事看理，这些文字，在表明他们悲心的同时，也在对众生、对这个世界做着善意的提醒。

书如同镜子。一个人读书时，不但能从镜子中看到自己，还能看到更多的事物。

看着脚畔忙碌的蚂蚁，想起在北京的生活。长安街川流不息的车辆，王府井摩肩接踵的人潮，写字楼中衣冠楚楚、不苟言笑的白领飞快的脚步，以及地铁里熙熙攘攘、行色匆匆的都市人，不也像蚂蚁一样为着生存奔忙？

现代文明的确带来许多生活上的便利与好处，但也给人类带来很多的烦恼、扭曲、变异与伤害。疲于应付高速运转的城市生活，人哪里还有时间静下心来思考提升精神的品质？现代文明令人眼花缭乱的节奏，逼迫着人远离自省、安然与自在，而学习打发时间。

在乘坐地铁时，我发现大多数乘客面无表情，年轻人盯着手机屏幕一通忙乱，中年人多在闭目养神，甚至有人倚着座位靠背呼呼睡去。耳朵里充斥着地铁穿越隧道的轰鸣声、广播声、呼噜声、放屁声、打哈欠声、咳嗽声、笑声、情人间的低语声、书页翻动声……在这些声音中，我能听到自己心中默诵的"唵嘛呢叭咪吽"，一遍一遍，如不息的海水冲洗岸边礁石。

生活犹如一只盆子，我们是被囚禁在盆底的小昆虫。蚂蚁尚可以在世界上自由地游走，我们只能在盆中盘绕。如唐代禅僧寒山诗中所说的那样："人生在尘蒙，恰似盆中虫。终日行绕绕，不离其盆中。神仙不可得，烦恼计无穷。岁月如流水，须臾作老翁。"

寒山的诗，说的不只是古人。

此时，在天台峰巅，在城市文明的盆外，心里想起已经习惯的城市生活，还真有些不太适应。这种惯性，就是释迦佛所说的"业力"吧。

匆忙的城市生活，是否减少了生存的痛苦？是否提升了生命的品质？是否提高了人们的幸福指数？是否塑造了开放的心灵？是否帮助人们去认识生命的实相？……这些问题，一时难以给出答案。

寒山另有一首诗："我见世间人，个个争意气。一朝忽然死，只得一片地。阔四尺，长丈二，汝若会出来争意气，我与汝立碑记。"

紧张忙碌的人，在生命的当下，感觉什么事情重要，就为它留出一些时间吧。

对生活中的事物，应该学会排序，把最重要的，放在首位。比如，感觉家庭重要，就在每天的 24 小时中，挤一些给家庭；感觉孩子重要，就挤一些给孩子；感觉禅修重要，就挤一些给禅修……在一年之中，感觉重归自然重要，就在匆忙的工作时间里，挤出数日的年休假，把自己放归到山水中。

南溪走过来，坐在我身旁。他说："山上真清净，平时乱响一气的电话，现在都哑巴了。"

说着，他掏出手机。"我手机没有信号。你的呢？"

我掏出手机一看，也没有信号。"一会儿到山下就有信号了，你不用担心人们找不到你。"

山居数日，通信信号不稳定，少了不少手机铃声，耳根也跟着清净了。在城市中，手机有时会一天到晚响个不停。一到下班或周末，甚至愿意马上关掉手机，落个清净自在。在山中，手机变成了一块不会说话的石头。它虽不再声响，地球却依然在转动，世界依然在有序地运行着。

"找不到也不是坏事。自由啊。"南溪说着，在岩石上躺下来。

如果把手机视为无形的囚牢，我们则是囚徒。现在，手机不工作了，我们反倒重新拥有了自由。

日本禅师白隐外出乞食时，会在草庵门上贴一张纸条。纸条上面写着："暂时不在，如同死人。"这句话，深藏禅机。

用中国宋代禅师云居道膺的话说，则是："若体得这个人意，方有少许说话分，方有少许行履分。暂时不在，如同死人，岂况如今论年论月不在？"这里的"暂时不在"，是指心失去对自我的观照，生活和禅修不能融入一体。

南泉笑眯眯地走了回来，他指着远处山峰说："那边是花台景区，有许多奇石景观，咱们去不去？"

南溪闭着眼睛不说话。我笑着摇了摇头。南泉有些泄气，也一屁股坐在石头上。

南溪虽累，也不愿意走回头路。这正好应了我与南泉的心思。

天台峰与对面十王峰之间，有一块长百余米的巨大岩石，人称"青龙背"。壁西侧，即方才看"龙华三会"摩崖之处。

南泉问我，"龙华三会"是什么意思？

佛经记载，释迦佛之后，来人间教化众生的佛，将是弥勒佛。他成佛是在龙华树下，弥勒佛说法三次，往昔于释迦佛的教导下未曾成佛的人，无论上等根器、中等根器、下等根器，听闻弥勒佛的教导后，都将开悟成佛。

这样一来，在释迦佛与弥勒佛之间，就有一个无佛时代。不要担心，依据《地藏经》的记载，在这个无佛时代，地藏菩萨做"代理佛"，教化众生。

"像南溪、你、我，都可以成佛？"

"对！所以佛经中把世间众生，又称为'龙华三会中人'。"

"真好！到那个时候，地藏菩萨也可以成佛了。"

南泉话语中充满欣喜。

　　九华山是一本生动的教科书。高山象征
尊严，松树象征坚毅，湖泊象征静谧，花朵
是谦卑和温顺的典范……这一切的自然景物，
都在含蓄地唤起我们内心的觉悟。

天台峰虽然名气大，但并非九华山的最高峰。

在天台峰对面的十王峰最高处，我们看到镶嵌在岩石上的一个地质铜标，标志此处为"九华最高峰；海拔高度 1344.4 米"。

站在十王峰上，回顾天台峰，南溪、南泉与我，异口同声发出惊叹。

不知何时，山腰间的云雾已经漫游上来。天台峰顶成为一道明显的分界线。左侧，阴云密布，云朵像飘浮在半空中的深灰色的花岗岩，强大，坚硬，稳定，不容置疑地占据着人的视野。十几分钟前，那里只是一团若有若无的雾，现在忽然被涂上了墨水。它带来黑暗、忧郁的光线；它是有质感的，仿佛扯一片过来攥一把，就能滴下水来。而右侧，天蓝云白，恬淡宁静。阴晴一峰间。我们都是第一次看到如此奇特的气象现象。不一会儿，十王峰上也开始云雾缭绕。

南泉问南溪："你喜欢晴天的九华，还是阴天的九华？"

"你别忘了我是画山水的。这里的晴天、阴天，我都喜欢。"

——阴晴我皆爱。

南溪无分别的回答，颇有禅意。

告别守候地藏道场天台峰的十王峰。在飘忽游移、时浓时淡的茫茫云雾中，脚踏石径，躲避开伸展向石径上的松枝，漫步下山。

左边岩石，右边绿树深掩的山涧。有时听到水流潺潺，却不见溪在何处。山风习习，宁静可人，三个人谁也不愿意说话，感受着天地间难得的静谧。

此刻，是我们陪云漫步，还是云朵在陪我们漫步？

等我们绕回到古拜经台附近的缆车站时，头顶上巨大的乌云已经不知去向。

人生，有时也会被浓浓的云雾包围，难以见到光明。

这些浓雾，就是人们不愿意面对的、消极的心理因素，它们可以叫作死亡、无聊、困惑、孤独、无助、沮丧、愤怒、畏惧、恍惚、骇然、惊恐、兴奋、麻木、忧愁、哆嗦、烦躁、彷徨、不耐、傲慢、空虚、性、渴望、焦虑、摇摆、战栗、冷漠、陌生、疼痛、虚妄、执着、贪婪、嗔恚、愚痴、多疑……

人生被这些充满无明的词包围着。

不要被它们吓倒，只管过好眼前的每一天吧。把握住当下，它们就会自动消失。

在生命中，我们会遇到这样、那样的问题，还会认为困难或苦厄不可战胜。

释迦佛说，世间一切的存在，都是"无常"的。而无常又是平等的，所以我们拥有的幸福会失去，我们所面对的苦难也会消失。不必绝望，不要因为黑夜到来，就不再相信太阳还会升起。

这些问题，不论你能理解还是不能理解，都要面对，都要接受。既然无法拒绝，那就先接受下来，再去面对。面对烦恼的最好方式，就是静下心来、耐心地等待它消失。

下山时，我们选择了步行，没有乘缆车。山间清凉，一路疾行，过观音峰上院，行至半山间的吊桥寺。

吊桥寺坐东朝西，依山跨水，背依山岩，面临深渊，是一座桥楼古寺，地理位置甚为奇特。桥下是巨岩飞瀑，桥上是上下天台峰的必经之路。桥面是寺殿长廊，有石砌栏杆相护，一条石板山道，从桥背长廊上的小门穿过。桥上桥下，万木葱茏，堆云叠翠，又名"翠云庵"。此寺由法龙和尚于清光绪年间始建。法龙和尚圆寂后，肉身不腐，"文革"时被毁。

在吊桥寺上，看山脚下，依然云遮雾绕。

山脚下的大地上，有我们的起居之所，有我们的忧伤、喜乐、朋友、对手。现在，这一切都已经微不足道，也无足轻重。如果能早些参透这样的玄机该多好，噢，不要妄想，现在能够明白也为时不晚。

九华山是一本生动的教科书。高山象征尊严，松树象征坚毅，湖泊象征静谧，花朵是谦卑和温顺的典范……这一切的自然景物，都在含蓄地唤起我们内心的觉悟。

下山途中，遇到一位自台湾地区来朝山的行脚僧。这位是真正的行脚僧，他赤脚走在山路上。遇到我们之前，他把行囊放在山岩上，静静地盘腿禅坐于山水间。见到我们，他很高兴地打着招呼。他说九华山是个天然氧吧，现在不想去山上寺院挂单了，想在此禅坐过夜。

山间清凉，夜里会更冷些。我们劝他还是住到寺院里。

他闻言颔首，笑着说："你们说得对！"起身收拾行囊，与我们合十道别，又往山上行去。

层林尽染的山路上，又多出了一片会漫步的云。

一路上，依凭路标的指示，走过大大小小的寺庵，终于来到山下。过慧居寺，经闵园寺庵群，暮色中，有几声木鱼，破空游来。

回望天台峰，发现上山有许多条路。

这与佛教分为许多宗派有所相似。净土、禅宗、天台宗、唯识宗、华严宗、律宗等诸多宗派，就是诸多条路。禅宗里细分的临济、曹洞、云门、法眼、沩仰等，也是诸多条路。这些条路，哪一条最好呢？要看人的缘分，也要看人的性情与选择的路是否相应。

与人谈艺时，著名画家林风眠说："绘画没有中西之分，只有好的与坏的。"对发愿踏上解脱之路的人来说，前人走过的不同道路，并没有好坏之分，只要适合自己的，就是最好的；当然，适合他人的，也是最好的。选定一条路，坚持不懈地走下去，都可以抵达顶峰。当然，如果目标就是登顶，也没有必要把每条上山路都走一遍。

想起著名美学家宗白华和他的《美学漫步》，今天，陪云漫步的我们，也算是领略了一番天地间的大美吧。

途经凤凰松，过石桥时，发现地面上零乱地铺陈着一些钟形的秋叶，如同一地的钟声。而此刻，晚钟还没有敲响。

九华有高山，有流水，也有知音。回大觉寺的路上，手机嘟地一响。打开一看，文友、散文家黑陶发来一则短信。

"近日读书，看到一则《异僧收云》的故事，与九华有关。有趣味，发给你欣赏，以便写作时作参考。"他本想与我同游九华的，因单位的事情无法分身，他在电话里连说了几声遗憾。

过去东岩住着一个异僧，每回看见有云气从岩谷间滋生，都能辨别云的颜色，或碧，或白，或黑，或紫，或者说出该云容易消散，或者该云不易消散，等等，云生成后果然一丝不差。这个僧人又总拿出一个小瓷瓶来，向天上一抛，就将云团全部都收入瓶中，等装满就用纸糊在瓶口上。有客人来，他用针在瓶口上刺一小孔，云气便缭绕而出，须臾之间满室盈堂。他就以此来招待客人。苏东坡当年得知此事，曾有"近来学得收云法，拟把一囊赠我行"之咏。（参阅程东、薛冬著：《九华山》，北京燕山出版社1992年版）

如果此行能遇到收云的异僧，我也要和苏东坡一样，和他好好学学，装一瓶九华的云，带回北京去。想念九华时，就用针把瓶口的糊纸扎一个小孔，放些云出来，让九华山的天地氤氲重现眼前。

　　车在山路上绕行。云雾重，要提前打开车灯。被照亮的路面，像在昏睡。没有同行的车辆，在一辆孤单行驶的车里，几个人都没有话说。语言有时是多余的，存在者彼此安静，也能彼此安慰。

　　迎面偶尔驶来一辆车，亮着车灯，迅速驶过，像是在逃离身后的黑暗。仿佛它不知道，此时此刻，整个世界即将落入黑暗的手掌心里。

　　黑暗是无明的信使。而远处的大觉寺，正亮起灯盏等待我们。

04 品茗香云地

前面道路分岔，向左大觉寺，向右九华街。车拐向右方。

我有些诧异，问宗学法师："方向是不是搞错了？"

"没错。"

"走了一条新路？"

"也不是。"

"那去哪里？"

他笑了："有人要请你吃饭，我们一起过去。"

我重新回到云雾之中。既认识宗学法师，又知道我在九华，这个朋友会是谁呢？想来想去，依然一头雾水。我又问："是谁呢？"

"那个人你没有见过。但是他知道你。"

车在月身宝殿下面的广场停下来。在香云地门口，梵音和一位身着职业装、满脸笑容的女性正等候我们。

"明博，这位是雪丽，我的朋友、你的读者、这里的总经理。她读过《一日沙门》，也从这本书与佛结缘。听说你来了，她非常开心，今晚要宴请你和朋友们。"

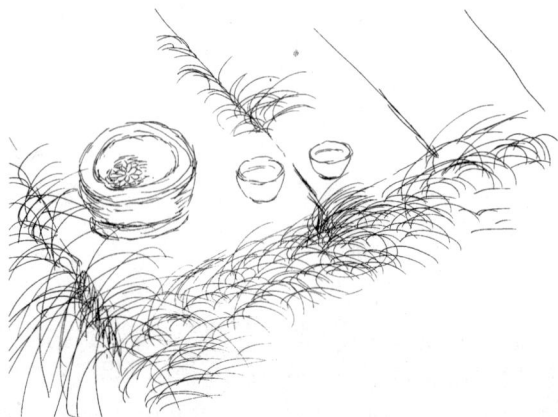

以前读周作人的《苦茶随笔》，他讲"儒
释道三家都提倡忍"，并特别引用杜牧的诗句
"忍过事堪喜"作为补充。以苦茶为例，小孩
子是不喜欢喝苦茶的，他们看到成年人喝一
口酽茶觉得爽快，会认为忍着苦吃茶，实在
是大人的可怜之处。

梵音快人快语，三句两句，揭开谜底。

雪丽长着一张娃娃脸，笑呵呵地朝我伸出手。我忙双手合十还礼，感觉不对，半路上顺势伸手相握。山居数日，我好像不习惯握手已经很多年了。我把同行的作家南泉、画家南溪，一一介绍给她。

雪丽说："快请进吧。费老师和万老师也在等你们。"

香云地依山就势，庭院深深，朴实而不失典雅，处处洋溢着徽派文化丰富、内敛的气息。

进入包间，见到费业朝先生，他把万家祥先生推到我眼前："万先生是九华山的佛教通，尤其对肉身现象颇有研究。你有问题，可以请教他。"万先生谦虚地说："费老师当众别露我的丑啊！佛法无边，我能懂多少？"

一群人坐定，饭菜很快摆上来。雪丽说："今天以素为主，荤菜是三净肉。"

所谓"三净"，一是眼不见杀，即没有亲眼看见动物临死的凄惨景象；二是耳不闻杀，即没有听见它惨叫的声音；三是所食之物，不为己而杀，即不是为了自己想吃才杀的。汉传佛教对于在家信众，要求不杀生，但没有要求吃全素，可吃三净肉。

此时，宗学法师站起身："你们边吃边聊，我出去转转。"

出家后，宗学法师一直过午不食。

佛教戒律规定，僧人须在规定时间内，日初起时早餐，日近天中时午餐。不在这两个时间用餐，或超过中午时限进食，称为非时食，佛所不许。释迦佛制定的这一饮食原则，称为"过午不食"。过午不食有很多好处，诸如：能减低男女爱欲之心、能让肠胃得到适当休息、能有利于禅修等。汉传佛教农禅并重，僧人下田劳作消耗体力，为不违佛戒，将晚餐改称为"药石"。

饭后品茶时，宗学法师不请自回。

雪丽让服务员再添一杯茶上来。宗学法师说："我不喝茶，来杯白水就可以。"

聊到肉身现象时，万先生打开了话匣子。

"对于形成肉身的僧人，我个人归纳出三点：一是预知时至，去留自如。比如金地藏圆寂前，忽召众徒告别，跏趺而坐，安然示寂。当代仁义、慈明等肉身菩萨，圆寂前都付嘱徒众，要以戒为师，老实念佛，同时从容交代后事。二是临终之时，神志清醒，身无痛苦。这些肉身菩萨，在圆寂前神志都特别清醒，或作偈语，或作训诫，或嘱后事，不惊不怖、安详自在。三是提前停食，自净身体。这些肉身菩萨，大多在圆寂前一周或更长时间内停止进食，只饮水滋身。大多在前几日沐浴更衣、礼佛、别众，然后示寂。这样他们自净身体，使体内杂物尽量地减少，为圆寂做最后的准备。"

"九华街的气温，年平均 13.4 度；空气湿度也大，年平均在 80% 左右；降水量大，年降水量约 2000 毫米。客观地说，这个地方是旅游度假的好地方，但不是防腐防霉的好所在。居民家里的衣物，尽管不停地翻晒，但仍有霉变，墙边的木柱和放在地上的木桌经常发霉，甚至长出木蘑菇。而存放肉身菩萨的坐缸，却置于室外任风吹雨打，经三年而不腐，也是不可思议。"

南泉插话问："现在的九华山有没有高僧？"

"有没有高僧我不知道，我知道一些法师是有修行的。像香山茅棚的性妙老师太，身上的僧衣补丁缀补丁，但她的衣服什么时候都是干净的，让人一看就会生起恭敬心。她九十多岁的时候，还农禅并重，晴天劳作，种菜种茶出坡，阴雨天，念佛坐禅，用心办道。到圆寂为止，她三十年没到过九华街，七十年没出过九华山。"

"旃檀林的慧深法师也很厉害。据说，夏季每天傍晚，他都到旃檀林后面的琵琶山，裸露胸背，任蚊虫叮咬两个多小时。一般人被蚊虫叮咬，奇痒难耐，他没事。"

宗学法师坐在一旁，手捧一杯白水，静静地听着我们谈话。

杯中茶，淡绿清纯，香滑可口。我问雪丽："这是什么茶？"

"山上的茶。什么名字，我给忘了。"说着，她笑了起来。

"僧人种的茶？"

"是。"说着，她又笑起来。她身边的梵音调侃说："你除了傻笑，还会什么？"这话让雪丽笑得更厉害。

看她如此开心，同桌的人，都跟着笑了起来。

雪丽开心的笑，让我想起武侠小说家古龙的一句话："女孩子喜欢笑，一生运气总不会太差。"

以前读周作人的《苦茶随笔》，他讲"儒释道三家都提倡忍"，并特别引用杜牧的诗句"忍过事堪喜"作为补充。以苦茶为例，小孩子是不喜欢喝苦茶的，他们看到成年人喝一口酽茶觉得爽快，会认为忍着苦吃茶，实在是大人的可怜之处。

知堂老人说，"忍过事堪喜"，是因为苦过之后，会有一点甘甜可以回味。人生终究是苦的，把这份苦涩，换一种心境去接受，虽无奈，但何尝不是智慧？

雪丽以笑面对一切，也有"忍过事堪喜"的味道。

南溪、南泉平素不爱饮茶，此刻，他们端起杯子品了品，也连声称赞："这佛家的茶，味道真好。"

柒

地藏本願

01　弘一法师的哭泣

　　1930 年秋，弘一法师来到宁波慈溪金仙寺挂单。10 月，天台山静权法师应请莅寺，宣讲《地藏经》。弘一法师于静权法师座下听法，两个月未缺一课。

　　一日，静权法师讲到"阎浮众生业感品"时，从经义演绎到孝思，怆然感言："人类是健忘的动物，孩子生下来，常常是断奶就忘了娘。长大之后，成为妻子的附庸，也没想想母亲。当你为人父时，体验生儿育女之苦，那时'养儿才知报娘恩'。母亲付出的爱，真是深如渊海，想想看啊，光目女（地藏菩萨本生故事之一）誓志救母，便是报恩之念未泯。慈母恩，说不完。比丘们虽断绝凡俗，然而父母生我，与俗家人还是一样。母亲用血和泪，养育一个人——那是生物世界一段鲜明而悲苦的旅程，到头来，所得的报偿，总是一场空。所以出家人作为人子，依然不能忘记母亲的养育之恩，如果忘记，岂非禽兽不如？"

　　座下听讲的百余名僧众，有人号啕大哭。

　　全堂听众愕然。座上讲经的静权法师，也只得停了下来。

　　当众哭泣者，乃一贯持重沉稳的弘一法师。

　　母亲在 49 岁时英年早逝，这成为弘一法师一生的痛心处。每逢自

近代高僧中，致力推崇地藏本愿的，弘
一法师当为第一人。

弘一法师与地藏菩萨，因缘深厚。

己生日，法师必依佛教，奉为母难日。这一天，他会早早起床，诵持《地藏经》，为亡母祈福荐度。1921年，慈母冥诞六十周年之际，法师在温州庆福寺恭敬抄写《赞礼地藏菩萨忏愿仪》一卷，作跋语时，法师写道："以此功德，回向亡母，早消业障，往生西方。"

方才，静权法师的一番话，令弘一法师想起了早逝的母亲，以及母亲在世时为他所受的一切苦楚。追思母爱，天性流露，使得他一时感慨万千，在众多同道面前，也无法抑制自己的热泪，失声痛哭。

其至情至性，令在场者为之动容。

当日，情感的浪潮过后，弘一法师为自己破坏了讲法道场的庄严而难过。他写下一则座右铭："内不见有我，则我无能；外不见有人，则人无过。一味痴呆，深自惭愧；劣智慢心，痛自改革。"并作按语："庚午十月居金仙，侍静权法师讲席，听地藏菩萨本愿经，深自悲痛惭愧，誓改过自新，敬书灵峰法训，以铭座右。"

弘一法师追思慈母的孝心，与地藏菩萨为母发愿的孝心，如出一辙。

近代高僧中，致力推崇地藏本愿的，弘一法师当为第一人。

弘一法师与地藏菩萨，因缘深厚。

1880年，他出生在天津河东区，其家宅附近有一座地藏庵。

1918年，法师住杭州灵隐寺，他闻知故友夏丏尊丧父，即书写《地藏经》一品，为逝去的长者做祈福回向。

1920年，法师住浙江衢州莲花寺，手书《十善业道经》，跋说："庚申七月二十九日，地藏菩萨圣诞，演音敬写十善业道经，回向法界众生，愿同修十善业道，以此净因，决定往生极乐。"

1927年，法师住永宁庆福寺，为地藏殿撰联"多劫荷慈恩，今居永宁，得侍十年香火；尽形修忏法，愿生极乐，早成无上菩提"，并作小记："辛酉三月，余来永宁，居庆福寺，亲得瞻仰礼敬承事供养地藏菩萨摩诃萨，并修占察忏仪。明岁，庚午，首涉十载，自幸余生，获逢圣教，岂无庆跃！碎身莫酬，揽笔成词，辄中赞愿，惟冀见闻随喜，同证菩提。"

1932 年，法师在厦门万寿岩辑录《地藏菩萨圣德大观》一卷，序中说："自惟剃染以来，至心归依地藏菩萨十有五载，受恩最厚，久欲辑录教迹，流传于世，赞扬圣德，而报深恩，今其时矣。"

1933 年，法师住妙释寺时，嘱胡宅梵居士将《地藏经》译为白话，以方便人受持读诵。

其后，法师移住温陵大开元寺尊胜院时，见到卢世侯居士画《地藏菩萨九华垂迹图》，为之随喜题赞："藻绘已讫，余为忭喜，略缀赞词，并辑一帙，冀以光显往迹，式酬圣德焉耳。"

1934 年，法师为道友撰《地藏经说要序》，言辞间充溢报恩之心："余以暗愚，获闻大法，实由地藏本愿摄之，藕益宗论导之。战战兢兢，垂二十载，常念慈恩，未尝一日忘也。"

1938 年，法师在厦门瑞竹岩，讲《地藏经》，听者甚众。

1940 年，法师在永春城区讲经，普劝修净土宗的道侣兼持诵《地藏经》。他说："三福之首，曰孝养父母。而《地藏本愿经》中，备陈地藏菩萨宿世孝母之因缘。故古德称《地藏经》为'佛门之孝经'，良有以也。凡我同仁，常应读诵《地藏本愿经》，并依教力行，特崇孝道，以报亲恩，而修胜福。"

与他人通信中，弘一法师亦诚挚地说："朽人受（地藏）菩萨慈恩甚深，故据所知，拉杂写出，以奉慧览。藕益大师灵峰宗论中，屡有关于地藏菩萨之著作，亦乞仁者披阅之。"法师又及："……藕益大师一生奉事地藏菩萨，赞叹弘扬益力。居九华山甚久，自称为'地藏之孤臣'；并尽形勤礼地藏忏仪，常持地藏真言，以忏除业障，求生极乐。"

兼诵《地藏经》，可助人往生净土。这个观点，弘一法师不是随意主张的。弘一法师言如所行，行如所言，他一生大力弘扬地藏本愿，可谓不遗余力。

喜欢弘一法师的人，对这一点也应有所了解。

暴风雨过去。清晨，大海边的沙滩上，远远走来两个人。

一大一小，一个父亲和一个小男孩，手牵着手慢慢地走着。

沙滩上有许多清浅的水洼，其中有许多小鱼。昨夜的暴风雨，把它们卷上岸，滞留在这里。虽然大海近在咫尺，但浅水洼困着它们。过不了多久，浅水洼里的水就会被沙粒吸走，或者被高高升起的太阳蒸发掉。没有了水，这些小鱼会干死的。

小男孩松开父亲的手，走到浅水洼前，他弯下腰来，把手伸向小水洼中。看到伸过来的手，小鱼们左躲右闪。它们对自己的命运与未来，毫不知情。

小男孩抓起一条小鱼，将它用力地扔回大海。

父亲安静地注视着儿子。

一个浅水洼里没有小鱼了，小男孩又走向另一个。

父亲看了看远处，漫长的海滩，困住小鱼的浅水洼，何止一个？这些被困在沙滩上的小鱼，成百上千，甚至数不尽数。

他终于忍不住跟了过去。"儿子，这沙滩上的小鱼有许多，你救不过来的。"

　　人在爱欲中，悲欢离聚，妄生妄死，生
死疲劳。无论是今生，还是来世，只要你肯
瞩目地藏菩萨，走进他的大愿，你就能得到
他的祝福。

"我知道，爸爸。"小男孩低头回答着，他已经忙得顾不上抬头了。

"哦？那你为什么还要捡扔这些小鱼呢？谁在乎？"

"这条小鱼在乎！"小男孩回答着，顺手抓起一条小鱼扔回大海，"这条小鱼在乎，这条也在乎！还有这一条、这一条、这一条……"

夜雨后的清晨，静静地坐在大觉寺平台的石凳上，翻阅《地藏经》，细细体味"地狱未空，誓不成佛；众生度尽，方证菩提"的地藏菩萨本愿时，我想到了这个故事中的小鱼、大海、小男孩。

面对神秘莫测的生死轮回之海，我们何尝不是一条条被困沙滩的小鱼？

沙滩上的小鱼，小男孩是否都送回大海了？

不知道。

但我们知道，地藏菩萨一直耐心地呵护着世间的每一个众生。

他以百千方便护佑人间，并耐心地教导人们远离烦恼苦楚，生生世世，衣食丰足，疾疫不临；离水火灾，无盗贼厄；人见钦敬，眷属欢乐；行住坐卧，永保安乐；所愿速成，永无障碍；功德福利，无量无边……

他牵系世间每一个人，他的一切施为，目的只有一个——

"只要你过得比我好"。

《只要你过得比我好》，一首老歌。"90后"可能陌生，"70后"大多记忆犹新。

凡广为流传的老歌，皆历久弥新。因此"地藏本愿"——这曲诸佛菩萨赞叹的心灵之歌，在时光无岸的河中流淌千年，至今仍萦绕在我们耳际。

在紧张忙碌的生活里，如有人问："不知道你现在好不好？是不是也一样没烦恼？"我们能提供什么样的答案？

在佛经中，诸佛见面时的问候很有意思，不是"你吃了吗"，也不是"你好"，而是："四大调和否？世事可忍否？众生易度否？"原来佛也有烦恼，但佛不为自己而烦恼，他所牵怀的，是众生何时才能不再愚痴，不再无明。

在地藏菩萨牵挂的目光中，我们，不也是愚痴贪着的顽童吗？"像个孩子似的神情忘不掉，你的笑对我一生很重要。"保持孩子一样的天真，是件好事，问题是，我们能坦然地面对生活，远离烦恼，露出微笑吗？

"这些年你过得好不好？偶尔是不是也感觉有些老？"无情岁月增中减。不知不觉、不情不愿中，我们渐渐老去。难道非要等到头白了，睡思昏沉，在炉火旁打盹时，才肯取下《地藏经》，慢慢读，来体味地藏菩萨那柔软的心怀？

"像个大人般的恋爱有时心情糟，请你相信，我在你身边别忘了。"在这个世间，我们最难放下的，是自我的执着与爱欲。这是两个困扰我们的桩子，我们已经围着它绕了无数个圈子，时而愉悦，时而沮丧。可能也根本不会想到，地藏菩萨就在我们身边。

"只要你过得比我好，过得比我好，什么事都难不倒，所有快乐在你身边围绕。"地藏菩萨只愿众生过得比他好，因为他要在度尽众生之后，才去成佛。在此之前，他一直与我们同愿同行同在，他希望我们"所愿速成，永无障碍"，究竟常乐，"什么事都难不倒，一直到老"。

人在爱欲中，悲欢离聚，妄生妄死，生死疲劳。无论是今生，还是来世，只要你肯瞩目地藏菩萨，走进他的大愿，你就能得到他的祝福。

03 世间多少地藏

雨后青山，看得人心情愉悦。读经间隙，看看近处层叠的松杉，以及由远而近正在随风飘移的云海，感觉山寺半日闲居，抵得上半生混沌度世。

南泉走过来，坐在我旁边的石凳上，他从我手中接过《地藏经》，认真地低头看了一会儿。

"我有个担忧，地球上七十多亿人，只有一个地藏菩萨，他忙得过来吗？"

我很高兴他能提出这个问题。

"问"字，由门、口组成。疑为信门。提出疑问，说明提问者已经走到了解决问题的门前。回答者给出的答案犹如钥匙，如果恰当，能帮助他打开疑惑之门，他就推门而入了；如果无法帮他打开这个门，他或许就绕门而过了。

怎么回答南泉的疑问呢？我翻到了《地藏经》的"分身集会品"，指给他看。

"尔时，百千万亿不可思、不可议、不可量、不可说无量阿僧祇世界，所有地狱处，分身地藏菩萨，俱来集在忉利天宫……"

　　特蕾莎修女一生致力于"怀大爱心，做小事情"。她很少把时间浪费在做选择题上。在处理问题时，她总是把人放在第一位，然后以此为基准，立即着手去做。

"尔时,世尊舒金色臂,摩百千万亿不可思、不可议、不可量、不可说、无量阿僧祇世界诸分身地藏菩萨摩诃萨顶……"

"尔时,诸世界分身地藏菩萨,共复一形,涕泪哀恋,白其佛言:'……我所分身,遍满百千万亿恒河沙世界。每一世界化百千万亿身,每一身度百千万亿人。……'"

地藏菩萨可以化身百千万亿,而地球人只有七十来亿,孰多孰少?

他搔了搔头,没有回答,对我笑了一下。

我也笑了。"世间有多少众生,就有多少地藏菩萨。有时,地藏菩萨依其本愿,为利益世人,不仅示现男身、女身,甚至还会示现为山林川原、河池泉井。"

"真是不可思议。"南泉由衷赞叹。

"还有更不可思议的。"

南泉瞪大了好奇的眼睛。

"地藏菩萨度众生的大愿,为一切诸佛赞叹,一切众生景仰。那么,观音菩萨有没有这个愿?文殊菩萨有没有这个愿?普贤菩萨有没有这个愿?"

"我觉得应该有。"南泉肯定。

"有这个愿的,都可以叫作地藏菩萨。所以普贤也是地藏菩萨,观音也是地藏菩萨,文殊也是地藏菩萨。从大慈大悲、救拔众生的愿来说,地藏也是观音菩萨,文殊、普贤统统也是观音菩萨。"

南泉好似承受了极大的震撼,有些目瞪口呆。在他的眼神里,我看到了欢喜与感动。

此时,游荡在群山间的白云,飘到了对面狮子峰的峰顶。

云雾缭绕的青山,在某个瞬间,极像头戴纱巾、低首祈祷的修女。

说到修女，我想到了"贫民窟的圣人"特蕾莎，1979 年的诺贝尔和平奖得主。

特蕾莎修女在印度贫民区救济了无数的孤儿、老人、病患，然而她并不是富豪，因为她自己没有一分钱；她也不是一般的慈善家，因为她不仅为病苦的人提供衣食及医疗，她还要给他们送去爱心，让他们感受到做人有尊严，感受到人间的爱。

特蕾莎修女立志服侍穷人，所以她先变成了穷人；她放弃了安适的修女和教师生活，穿上穷人的衣服，一头扎进穷民窟、难民营和各种各样的传染病人之中，五十年如一日。她说："除了贫穷与饥饿，世界上最大的问题是孤儿与冷漠……孤儿也是一种饥饿，是期待温暖爱心的饥饿。"

一天，年迈的特蕾莎修女应邀去做一场救助穷人的演讲。在演讲会门口，她发现一位讨饭的穷人，躺着不动，奄奄一息的样子。她停下脚步，找来一碗稀粥，为这个人喂饭。她告诉陪同来的人说："眼下，正有一个需要我服务的穷人，我没有时间去做那个演讲了。"

有人指责说，特蕾莎修女所做的一切不过是杯水车薪，因为如果不根除造成贫穷的社会原因的话，她的努力都是徒劳的。

对此，特蕾莎修女回应说："我等不及社会来完善了，我现在能做的是救正在起的火，而非讨论火灾的原因。那些事情让社会学家去干吧！"

特蕾莎修女一生致力于"怀大爱心，做小事情"。她很少把时间浪费在做选择题上。在处理问题时，她总是把人放在第一位，然后以此为基准，立即着手去做。

她的行动，在评论者眼里，或许只是一杯水；但对于熊熊燃烧、噼啪作响的火来说，这一杯水，比千万口唾沫，更有价值。

"从慈悲的视角看，特蕾莎修女所做的，是不是菩萨想做的？"

"是！"南泉的回答，斩钉截铁。

特蕾莎修女出生于南斯拉夫一个具有良好修养的家庭，她从小受到天主教的教育。18岁时，她前往印度加尔各答，在一所拥有漂亮花园的修道院内，过着安定而舒适的欧洲式生活。

有一天，她发现修道院高墙之外，有些人生活得很凄惨，她再也不能安于往日平静的生活。因为面对一双双渴望关怀的眼睛，她无法做到熟视无睹。一种强烈的使命感驱使着她，使她不顾周围人的极力反对，单枪匹马地走入贫民窟，勇敢地将世人的悲惨背在自己身上，用一双柔弱的双肩，挑起了拯救贫民的重任。

当一个从没有人关心过、没有人知道他死活的老人，孤寂地躺在床上等待着死神造访的时候，她走进了他的房间；当一个被人殴伤的酗酒者醉卧街头、无人问津的时候，她挺身而出将他救起，并送到她所创办的怜悯之家；当浑身蛆虫的伤者遭到路人的厌恶和唾弃的时候，她精心地为他包扎伤口，并用温暖的怀抱去拥抱那颗濒临绝望的心……

1979年，特蕾莎修女获得举世瞩目的诺贝尔和平奖。一夜之间，她成为家喻户晓的人物。所得奖金，她悉数用于慈善事业。除此之外，她还特别请求诺贝尔评审委员会，取消例行的授奖晚宴，将晚宴可能花销的7100美元，赠送给她创办的"仁爱传教修女会"。为她的精神所感动，委员会同意了她的这一请求。

她说："人活着，除了需要口粮外，也渴求人的爱、仁慈和体恤。今天，就是因为缺乏相爱、仁慈和体恤的心，所以人们的内心才会极度痛苦。"

她说："饥饿的人所渴求的，不单是食物；赤身的人所要求的，不单是衣服；露宿者所渴望的，不单是牢固的房子。就算是那些物质丰裕的人，都在切求爱、关心、接纳及认同。"

读到这里，也许你会感觉突兀，这本写佛教圣地九华山的书，怎么会扯到天主教呢？请看下面这段话。

在藏地颇有影响的僧人索达吉说："在我的心目中，特蕾莎修女就是活生生的佛菩萨。也许有些人会感到不解，作为一名佛教徒，怎么忽然间对特蕾莎修女感起兴趣来了呢？但我要赞美的这位修女，绝不可用单纯的宗教来界定她的信仰。"

"特蕾莎修女也是地藏菩萨大愿的实践者。你觉得呢？"

"当然是。"南泉毫不犹豫地回答。

话题要扯得离九华山更远些。遥远的南非。

20 世纪 80 年代，种族隔离政策结束后的南非。

南非首任民选黑人总统纳尔逊·曼德拉的妻子温妮，在种族隔离政策执行期间，曾经营一家足球俱乐部。她经常组织秘密刑讯，处死他们认为的那些被白人收买的黑人，其中一位是年仅 14 岁的少年。

据了解，这条命案，是温妮指挥她年轻的保镖干的。

曼德拉走出牢狱，当选为种族隔离之后南非第一任民选总统后，决定成立"真相与和解委员会"，对在种族隔离期间所有人的罪行进行处理，但不报复；对那些诚心忏悔请求宽恕的人实行大赦，对受害者进行补偿。

曼德拉总统提名 1984 年诺贝尔和平奖得主、南非基督教大主教图图出任"真相与和解委员会"主席。

就在这个时候，1989 年 1 月，人们发现了那位 14 岁少年业已腐烂的尸体。

总统夫人温妮成为被告。一个又一个的证人出庭，指认了温妮的罪过。甚至，温妮的保镖也出来忏悔了。

那些恶，是生根在生命深处的荆棘的种
子。我们已经麻痹的心，已经习惯于忽略掉
它们的存在。但它们，不会因人的忽略而消
失，它们依然在生根，发芽，攀援出藤蔓，
开花，结出新的荆棘种子，在未来的某一天
来折磨我们。

然而，温妮却对所有的指控一概不予承认。

地藏菩萨对释迦佛说："世尊，我观是阎浮众生，举心动念，无非是罪。脱获善利，多退初心。若遇恶缘，念念增益。是等辈人，如履泥途，负于重石，渐困渐重，足步深邃。若得遇知识，替与减负，或全与负。是知识有大力故，复相扶助，劝令牢脚，若达平地，须省恶路，无再经历。"（见《地藏经·利益存亡品》）

地藏菩萨所说的"罪"，就是我们内心的贪欲、嗔恚、愚痴、骄慢、多疑。它们通过人们的行动、言语、意识表现出来，如乌云遮挡阳光一样，让人的内心充满黑暗。这些黑暗，不会因为人的遗忘而消失。事实上，如同用更多的谎言弥补一个谎言一样，这些黑暗，"若遇恶缘，念念增益"。

那些恶，是生根在生命深处的荆棘的种子。我们已经麻痹的心，已经习惯于忽略掉它们的存在。但它们，不会因人的忽略而消失，它们依然在生根，发芽，攀援出藤蔓，开花，结出新的荆棘种子，在未来的某一天来折磨我们。

读到这一段经文时，想一想此生的我所做过的错事，再想一想地藏菩萨的慈悲，真有些无地自容。

我对自己说："痛快地哭一场吧。"佛教的《大丈夫论》说，菩萨生生世世的泪水，累积起来，比大海水都要多。但对于不断犯错误的你我来说，太多的眼泪，只会浪费太多的纸巾。应该尽量让自己保持冷静，不再流泪，去积极行动。

我们都是健忘症患者，做不到"忏悔之后，更不复造"。有时为了维护所谓尊严，我们会拼命抵赖自己的过错。当然，有时随着时过境迁，我们的确忘记了自己的过错与恶行。然而，遗忘并不代表那些过错没有发生过。

要想避免昔日过错所带来的折磨，必须要找到盘根错节纠缠在一起的恶因之根，把它拔出来，斩断它。清理生命中的恶因之根，会造成伤口，会痛，然而不这样做，可能会出现更严重的伤害。

听证会的最后一天，在为温妮涉嫌的杀人案做出结论之前，图图大主教直视着温妮的眼睛，做了一番痛彻肺腑的呼吁。

在曼德拉因反对种族隔离政策入狱期间，温妮曾表现出超越性别的无与伦比的勇毅。在听证会现场，图图列数并赞美了温妮果敢超众的能力、勇于担当的品格。

之后，他说："你是自由的象征。我深深地爱着你，也深深地爱着你的家人。现在，请你告诉我们，的确有一件事，你做错了，虽然你不知道为什么错了。"

"如果你能说出'我的确做错了'，说出'很抱歉，我为自己在这些错误中所起的作用道歉'，我想，在这个会场外，会有许多人想拥抱你。"

"我们都在等待着你，等你说出'请原谅、宽恕我的那些错误'。我真诚地请求你这样做。你是一个伟大的人，如果你能说'我做错了，我道歉，请原谅我'，这无损于你的尊严，只会增加你的伟大！"

一向面不改色的温妮被感动了。

她对图图宽容智慧的话语表示感谢，并诚挚地向受难者的母亲道歉，请求获得她的原谅。

读到这一段，我的泪水禁不住地流下来。

——抱歉，我上面刚说过，要节制泪水，保持冷静。

尔时，佛告地藏菩萨："一切众生未解脱者，性识无定，恶习结业，善习结果。为善为恶，逐境而生。轮转五道，暂无休息，动经尘

劫，迷惑障难。如鱼游网，将是长流，脱入暂出，又复遭网。"（见《地藏经·众生业感品》）

迷醉的众生，追随业力迁流，被一切虚妄的外境所扰，乱了清净本性，反像游鱼入水一样，以苦为乐，出入于罗网之中，生死轮回不已。小时候，见渔夫捕鱼，鱼被网丝挂住，想逃也逃脱不了。在生死轮回的网罗中，我们若执着于贪欲，与鱼又有什么区别？就算偶然地暂时避免了伤害，最终还不是要落入网中？

佛告阎罗天子："南阎浮提众生，其性刚强，难调难伏。是大菩萨，于百千劫，头头救拔如是众生，早令解脱。是罪报人，乃至堕大恶趣，菩萨以方便力，拔出根本业缘，而遣悟宿世之事。自是阎浮众生结恶习重，旋出旋入。劳斯菩萨，久经劫数，而作度脱。"（见《地藏经·阎罗王众赞叹品》）

图图所做的，也是"以方便力，拔出根本业缘，而（是罪报人）遣悟宿世之事"。

"真相与和解委员会"的工作人员，每天面对的，除了倾听残酷的故事，还有开棺验尸等工作，他们的心理压力非常大。图图对他们建议，要有一个可以无话不谈的朋友，而不是把听到的一切都憋在心里，不要过多地胡思乱想，不要把别人的痛苦变成自己的内心痛苦。

图图说："倾听别人痛苦的有两种人：一种是洗碗机，洗干净餐具之后不留一点渣滓；另一种是吸尘器，灰尘吸进去了以后，都藏在里面。"

菩萨们所做的，是洗碗机的工作，而不是吸尘器的工作。

我们的内心中，光明与黑暗并存。地藏菩萨用他的大愿邀请我们选择光明。

菩萨是众生的不请之友。请相信，地藏菩萨就是我们的朋友。当我们恶缘重重、踩履泥途、身负重石时，他愿意"替与减负，或全与负"，或伸手"复相扶助"，以便我们早日"须省恶路，无再经历"。

佛告地藏："是南阎浮提众生，志性无定，习恶者多。纵发善心，须臾即退。若遇恶缘，念念增长。以是之故，吾分是形百千亿化度，随其根性而度脱之。地藏，吾今殷勤以天人众，付嘱于汝。未来之世，若有天人，及善男子、善女人，于佛法中，种少善根，一毛一尘、一沙一滴。汝以道力，拥护是人，渐修无上，勿令退失。"（见《地藏经·嘱累人天品》）

如果我们做错了，通过忏悔得到宽恕是幸福的。如果我们是被伤害者，在别人因为自己做错了来忏悔时，也不要拒绝宽恕他。因为宽恕比被宽恕要幸福。基督教的"祈祷词"中，有这样一句话："上帝啊，请你宽恕我，如我宽恕他人一样。"

曾有三个美国老兵，站在华盛顿越战纪念碑前。

一个问："你是否已经宽恕那些擒俘你、囚禁你、折磨你的人？"

被问者说："我永远不会忘记，也永远不会宽恕。"

第三个说："你现在仍然是他们的囚徒。"

的确，忏悔与宽恕同在。

如果能忏悔，如果能宽恕，我们便与地藏菩萨在一起。

捌

寂静的流水

01　起止凤凰松

宗学法师建议我们到龙溪走一番。他说："大觉寺前的深溪，是龙溪的上游。龙溪中段最美，值得一看，你们可以顺便探访一下闵园的竹海。"近日，寺院里积累了一堆的事情要办，他无法与我们同游，于是请来茗雪居士做向导。

茗雪戴了副眼镜，相貌清爽，性情文静。和人说话，她总是先微笑再开口。虽然身为导游，她的微笑却发自内心，并非职业的。

在闵园村落中穿行，转过一道弯，大名鼎鼎的凤凰松出现在眼前。

凤凰松通身翠绿，造型奇特，离地两米高的树干，分为二枝：一枝曲身向上，如凤凰昂首；一枝向后及四周平缓伸出，似凤翼舒展，又如凤尾下摆。稍微站远一些，能观其大概，像一只凤凰昂首向上，展翅欲飞。

凤凰松周围，是一座接一座的尼庵、古庙，有的古色古香，有的殿宇辉煌，有的小巧玲珑。我留心了一下，有胜鬘精舍、莲花庵、大慈庵、光明茅蓬、祇园精舍、大愿茅蓬、静修茅蓬、慈修庵、慧居寺下院、九华莲社等。

　　树木根植于大地，枝丫指向深邃的天空。树木的存在方式，几乎就是一种禅修者的隐喻。

　　佛门圣地，多有古树。这些昔日僧人栽种的树，早已参天耸立。作为比人更长寿的生命体，树在无言的静立中，见证着世间的无常变化。沧海桑田，时空转换，树为人间提供遮阴的枝丫，始终伸展着。

在千年时光中，朝闻晨钟、夕昕暮鼓的凤凰松，在悠然梵唱的熏陶下，想来早已通灵。

多年前，著名画家李可染来九华山写生，见到这株1400岁的古松时，赞不绝口，欣然品题"天下第一松"。

这株古松，虽然没有黄山迎客松名气响亮，但凡到过九华的人，只要见过它，就会深深地把它记在心里。

相传，此松为天竺僧人杯渡所植。杯渡法师早在东晋时期便来九华弘扬佛法。

禅门中人珍爱万物，尤其树木。

佛教文献为我们描绘了这样一幅图景：释迦佛和他所领导的僧团，修行、生活在印度半岛茂密的森林中。他们居住的精舍周围，长满了茂密的树木。许多僧人愿意独自一人在森林中结茅而居；而修持苦行的僧人，有的干脆就在树下过夜。为防止僧人对某株树产生依赖，释迦佛还提出"树下一宿，慎勿再矣"。（见《四十二章经》）

大乘佛教关于佛国净土的描绘中，充满生机的树木以及与树相关之种种成了不可或缺的主角。如《妙法莲华经·见宝塔品》中，释迦佛邀请他方诸佛与会，他为他们准备的"接待室"就是大树，"是时诸佛各将一大菩萨以为侍者，至娑婆世界，各到宝树下，一一宝树高五百旬，枝叶华果次第庄严，诸宝树下皆有师子之座……"。

或许是因为禅师们喜欢树吧，禅宗的寺院，又被称为"丛林"。

唐代时，有位鸟窠禅师，他栖身于杭州秦望山的一棵树上。时任杭州太守的大诗人白居易前去拜访，要在树下仰着头与他说话。

临济禅师在山中栽种了许多松树，他的师父黄檗禅师问他："你在深山里栽许多松树做什么？"临济禅师说："一为山门作景致，二为后人作标榜。"

赵州柏林禅寺的明海法师说:"佛教所关乎的是人类精神生活最顶端的那一部分;树,长在地上,种类繁多,覆盖地球最广大的植物……这二者有着出人意料的关联性。检视它们的关联性,也许能把我们的思想带到一个神奇而又意味深长的高度。"

树木根植于大地,枝丫指向深邃的天空。树木的存在方式,几乎就是一种禅修者的隐喻。

佛门圣地,多有古树。这些昔日僧人栽种的树,早已参天耸立。作为比人更长寿的生命体,树在无言的静立中,见证着世间的无常变化。沧海桑田,时空转换,树为人间提供遮阴的枝丫,始终伸展着。

游客们来到这里,都喜欢和凤凰松拍个合影。为免误闯镜头、扰人清兴,我和南泉、南溪静候一旁。人群散去后,我们拍了几张照片。

世间所有相遇,都是久别重逢。如同此时此刻,我与这么多世间的有情众生,一同站在凤凰松的周围。

在时光无涯的旷野上,在深深浅浅的光阴中,在前世今生的轮回里,有一条肉眼不可见的线,牵引着我们走过百城烟水,终于此地相聚。

这条隐身的线,佛说是"缘"。

凡是今生能够相遇的人,在过去无数的生死轮回中,肯定做过夫妻、父子、母女、兄弟、姐妹等至亲眷属。虽然如今,我们对面相逢不相识,然后又转身离开,回到远隔千里万里的城市或乡村,重新步入各自的生活轨道。

对此,释迦佛了如指掌,我们却茫然无知。

这是因为,我们还没有拥有释迦佛那样的觉悟。

茗雪在凤凰松下闵园景区入口处，静静地等我们。

南溪最先察觉，他说："不拍了吧，茗雪在那边等了半天了。"

茗雪听后摆了摆手："不急不急，慢慢拍。"

我们的龙溪之旅，以凤凰松为起点。黄昏时分，我们拖着疲惫的身躯，又回到凤凰松下。那时已经暮色四合，村落里亮起一片灯火。

写这段"起止凤凰松"时，正值盛夏。重温一年前的游历时，凤凰松的身影再次在脑海中浮现。只是相隔得太远，我无法伸手抚摸它伸出的枝丫，而它，却能够为我提供清凉。

02　水深处的十二因缘

昨日从天台峰走下来，腿像灌了铅，举步维艰。现在要步行去闵园看竹海，三个人面面相觑。南溪说："你俩等着，我去买票，咱们坐电瓶车吧。"

茗雪朝他扬了扬手中的票："都买好了。"

山路平缓，车行如船。龙溪周围，青山高大，一步一景，处处皆美。南泉忙不迭用数码相机记录着。

茗雪若有所思。我逗她："像你这样不言不语，怎么可以做导游呢？"

她笑起来："宗学法师说，你们有作家，有画家，我有点紧张。"

"不要紧张。你只要能把我们带回大觉寺，就好了。"

茗雪听了，莞尔一笑，她自信地说："关于九华山，你们想了解什么，尽管问啊，我还是能讲一些的。"

南溪问："听你口音，不像本地人啊？"

茗雪以"嗯"作答。大学毕业后，她从山东来九华山旅游，被这里的山水迷上了，于是就在山中住了下来，后来，考了个导游证。如今，她已经是山上老资格的导游之一了。

　　水也是信仰的源泉。对宗教有所研究的
人，会知道释迦佛在成道前，在尼连禅河中
沐浴了身心；耶稣曾在约旦河中接受约翰给
予的洗礼；印度锡克教创始人那纳克在淋浴
时受到了启发；印度教教徒的出生、死亡以
及日常生活的净化，都依赖于恒河之水；佛
教中的观音菩萨，更是手持杨枝，向人间遍
洒甘露……

绕过一片高高低低的坡地，坡地上长满了一丛丛低矮的绿色灌木。茗雪说："这就是茶树。"深秋的茶树，结着圆滚滚的茶果，有的枝头还有一朵两朵洁白的茶花。

终年云雾缭绕的九华山，以闵园为中心的产茶区，历来出好茶。有名的，如九华佛茶，属于绿茶，只采春芽。

九华佛茶，历史悠久。唐代，金地藏的《送童子下山》诗中，就有"烹茗瓯中罢弄花"之句。九华的绿茶，叶片扁平，旗枪紧束，经水后会如手掌一样张开，故又名"九华佛手"。

不远处，有一间茶楼，茶旗飘扬。茗雪问："要不要进去吃一杯？"

此时此刻，南溪、南泉与我，兴致都在山水间。

龙溪岸上，小径曲折，松荫竹映。处于枯水期的河谷中，只有潺潺的细流，突兀着一块块矗立的巨石。河谷中的大石头，每一块都比人高，更大些的，似乎可以在上面凿出一间房子。可以想见，当初的山洪，挟裹着巨石由上而下一路狂奔，气势何等威猛！石块与水流在河道上跌跌撞撞，会发出何等惊骇的声响！

如今，水落石出，山川大地，安静如梦。

当然，安静的，不止有石头。此刻，连绵的群山是安静的，山坡上的茶园是安静的，溪谷的石头是安静的，周围的树是安静的，掠过的风是安静的，我们也是安静的。

我们下到河谷中，在清浅的溪流与石头间择路前行。

两石之间，流水激荡。南溪与我，脱下鞋袜，半坐半躺在石头上，将脚伸进流水中，闭上眼睛，静静地感受山溪的清凉。

可惜，匆忙中的人们，只能偶然倾听一下山溪流动的声响，对于身体内奔涌不息的流水声，却一直充耳不闻。

众所周知，水是生命的源泉。医学资料显示：以人为例，在受精卵状态时，水的比重高达99%；对于新生儿，水的比重减至90%；长大成人后，这一比例减到70%；临终前，水的比重大约会减到50%。

水也是信仰的源泉。对宗教有所研究的人，会知道释迦佛在成道前，在尼连禅河中沐浴了身心；耶稣曾在约旦河中接受约翰给予的洗礼；印度锡克教创始人那纳克在淋浴时受到了启发；印度教教徒的出生、死亡以及日常生活的净化，都依赖于恒河之水；佛教中的观音菩萨，更是手持杨枝，向人间遍洒甘露……

水也是奇妙的。日本有位研究水结晶现象的学者，以高速摄影技术拍摄了大量水结晶的照片。他发现：相同的水，如果瓶壁上贴的标签不同，水的结晶也不一样。比如，贴上"感恩"，水的结晶居然像个"心"字；贴上"阿弥陀佛"，水的结晶呈现七彩色；贴上"爱"与"感谢"，水的结晶呈现完整的六角形；贴上"妙法莲华经"，水的结晶真的像莲花；贴上"混蛋"，水几乎不能形成结晶；贴上"宰了你"，水的结晶像一个孩子被欺负时的模样……

由于拍摄水结晶图片具有极大的偶然性，从目前的拍摄成功率来说，无法确证水就一定具有复制、记忆、感受和传达信息的能力。但面对这些偶然形成的照片时，大多数的人感觉不可思议，并为之惊叹。

释迦佛曾说："一沙一世界"，"世界微尘，因心成体；唯心所现，唯识所变"。从一粒沙都可以窥见世界缘起的全部，何况一滴水呢？由微尘所成的世界，会随着人心性的变化而变化；人眼中的不美和缺失，其实并非世界的不美和缺失，而是自我心灵的映照。

人的身体，犹如一只装着水的瓶子。说我们身体内有上万滴水，并不为过。如果能够在心里充满"感恩""爱""感谢""宽容"，我们的身体里，必然能盛开出万朵莲花。

忽然，南泉在前面欢快地喊了一声。

我与南溪起身，向南泉那边跑过去。在巨石相叠的河道中，藏着一个水澄色碧的深潭。南泉很得意自己的发现，他笑着充满孩子气地朝我们吐了吐舌头。有几尾鱼，被水面上倒映的晃动的人影所惊扰，倏地一下，潜至水深处，水面上只留下几个荡漾的涟漪。

浅表的水，透明；再深一些，碧绿；再深些，幽蓝；再深些，阳光无力抵达，一片幽深。这情景，诗人于坚以诗概括为《阳光只抵达河流的表面》。在他的描述中，阳光无法再往下，是因为它缺乏石头的重量。在这个世界上，只有那些可靠的实体，才能不停留在世界的表层，才能深入地介入到世界的内部。潭底的石头处于幽暗中，岸上的人是看不到的。在时间看不见的地方，有些隐藏的事物，在悄悄地决定着世界的走向。

于坚在诗中对水深处的世界进行的描述，让我想到了释迦佛宣说过的十二因缘。

释迦佛说，十二因缘即生命的缘起法则，分为无明、行、识、名色、六入、触、受、爱、取、有、生、老死十二个组成部分。在这十二因缘中，有三世两重因果。

第一重，从过去的因，到现在的果。"无明"是生死的根本，亦称为烦恼，即人的妄想、分别、执着。无明体现在人身、口、意方面的行为上，即"行"。一期生命终了，肉体活动消失时，心"识"的作用依然存在。进入新的生命状态（母胎）后，"识"转化为"名色"，名指意识的成长过程，色指身体的成长过程。慢慢地，眼、耳、鼻、舌、身、意——"六根"健全起来，由于世界对人的影响是从六根而入的，因此"六根"又称作"六入"。人通过六根与世界接触，因此，"六根"也被

240

称为"六触"。世界上的事物在六根上产生的种种感受，为"受"。受，
对生命来说，有"我所喜欢的""我不喜欢的"之分。

第二重，从现在的因，到未来的果。

对于"我所喜欢的"事物，人会产生贪爱，称为"爱"。因为有贪
爱，对于"我所喜欢的"，人会执着于追求，称为"取"。万法本来缘起
性空，人却偏要将"空"变成永远不会失去的"有"；万法本来不垢不
净，人却偏要追求"我所喜欢的"，拒绝"我不喜欢的"。由于不能平等
地面对万物，人活在妄想、分别、取著之中，活在"爱"与"取"之
中，活在此生的迷惑之中。

"我所喜欢的"，得到手了，则称为"有"。然而，人拥有的未必是
究竟喜乐的。例如，每个人都有因"爱""取""有"（得到）而产生的
烦恼。在生死轮转的过程中，"有"又为来生种下了"生"的因。而有
"生"，就要面对着无尽的"老死"。

释迦佛说，观察十二因缘，如人口渴，发现了一口井，但井水有
毒，千万不要喝它。这比喻"爱""取"犹如口渴，人所喝的水就是业
报，喝了它，使人再来轮回生死。如果不想要这些业报，就不要执着于
"爱""取"，随缘而为，截断生死的流转。

轮转中的生命，亦如流水。人有限的聪明，只能看见水表面所呈现
出的现象；水深处的奥秘，关于生命存在真相的奥秘，由于人缺乏智慧
的重量、观照的力量，根本无法深入探究。而生命流水的深处、那些不
可见的事物，却在悄悄地决定着生命之河的流向。

如果能深入了解生命的缘起，你会发现，世间所有的人，几乎都是
我们的亲人。

有三五个青年男女走在我们前面，他们下到河谷，戏水越石，一路

嬉耍。他们的热闹，和周围的安静，对比显明。

很显然，他们虽然是我们的同行者，但彼此走在不同的路上。

前面的道路，分为两条：一条通往百岁宫，一条通往天台峰。

这两处，都已去过，此刻，我们决定往回走。

03 我是谁？从哪里来？到哪里去？

龙溪寂静的流水，流过眼前，我们却不知道它从哪里来，到哪里去。

水面上，倒映着我的脸庞。看着它，我的心底忽然多了一丝悲哀——

"我是谁？从哪里来？到哪里去？"

法国印象派画家保罗·高更，曾创作过一幅以此为名的油画。当时，他漂泊到大西洋上的塔希提岛，与岛人共同生活了数年。在这阳光灼热、自然芬芳的岛上，高更自由自在地描绘原住居民神话与牧歌式的自然生活，强烈表现自我的个性，创作出这幅充满反思精神的作品。他充满忧思的梦幻，替所有的人提出质疑："我是谁？从哪里来？到哪里去？"

关键是，他在问谁呢？

唐代，洞山良价禅师路过一条河时，偶一低头，他看到了自己在水中的影子，于是开悟了，并作诗一首："切忌从他觅，迢迢与我疏。我今独自往，处处得逢渠。渠今正是我，我今不是渠。应须恁么会，方得契如如。"

水中的倒影，让洞山禅师找到了自家宝藏（自性），他在诗中说：

　　一位学禅者问禅师："怎样才能做到在梦
中禅修？"禅师直视着提问者的眼睛，良久
不语。提问者心怀忐忑，不知所措。这时，
禅师开口说话了："你清醒时的禅修，难道不
是在梦中吗？"

如果心外求法，只会越求越远。影子时时跟随我们，我们也能够处处遇到"他"。以前即便有临水照影的机缘，但也没有明白这一点。如今体悟到佛法与生活本是一体，更须何处觅求？

影子，是我，非我。"他"是谁？从哪里来？到哪里去？这些问题，水面上的影子没有回答我。

洞山禅师观影而悟"自性"，我何时才能像他那样，找到明确的答案？

在释迦佛眼里，"我"，不过是多种条件下的幻有。比如，做梦的人在梦中奔跑，奔跑时的心跳加速、气喘吁吁，他的确清晰地体会到了。然而，在其他人眼里，他一直在躺着睡觉，根本没有奔跑。

众生执着于"我"，称为"我执"。我执，是烦恼的根源，也是无明（没有智慧）的代名词。希腊神话中，有一位叫那耳喀索斯的少年，他在水边行走时，竟然爱上了自己在水中的倒影，从此寸步不移，憔悴而死，化为一株水仙花。

由于"我执"，人把完整的心分成许多份：一份给了"我"所拥有的汽车，一份给了"我"所拥有的房子，一份给了"我"所拥有的职位，一份给了"我"所拥有的爱人……释迦佛在《金刚经》中讲"应无所住"，目的就是让人把"我"从所执着的事物中解脱出来，让心不被外在事物分割，恢复完整。

从哲学意义上说，影子的本质是虚幻的，但它是真实存在的虚幻。观照影子，其实是换一个角度观照自我。"我"，何尝不是一个真实存在的虚幻呢？

一位学禅者问禅师："怎样才能做到在梦中禅修？"禅师直视着提问者的眼睛，良久不语。提问者心怀忐忑，不知所措。这时，禅师开口说话了："你清醒时的禅修，难道不是在梦中吗？"

"……来时糊涂去时迷，空在人间走一回。未曾生我谁是我？生我之时我是谁？长大成人方是我，合眼朦胧又是谁？……"民间流传的清代顺治皇帝所作的《出家偈》中，这几句，尤其打动人心。

我在想：轮回中的我，前世是个什么样的人？应该做过女人，因为此生的我多愁善感，胆小如鼠，感情上又容易冲动；有时还心细如发，对于许多事，只见树木，不见森林，有几分"头发长见识短"的味道。应该也做过和尚，在柏林禅寺参加短期出家活动时，穿披僧衣，不教自会，如理如仪。也可能是个其他国度的人，莫名其妙，我对《圣经》的喜爱发自内心，对《古兰经》也略有喜爱。也可能经历过战火与饥荒，今生的我，对于战争与饥饿，有着心理深层的恐惧。也可能做过图书馆管理员，因为今生的我对书籍有着异乎寻常的热爱。也可能是位画家或书法家，今生的我拿笔涂鸦，偶能得心应手……

当然，我所猜想的这一切，并不能佐证生死轮回的存在。

不只过去，即便今生，人也在不断地变换着自我。作家柯文辉所著《旷世凡夫——弘一大传》中记录，弘一法师先后用过的名字，竟然有二百多个。这些名字，哪个是弘一，哪个不是弘一？虽说"无我"，哪个不是我？但哪个又真是我？如果不是我，那又该是谁？……一切皆是幻象，无常。若那个名相，可以称为李叔同，何来弘一？弘一法师的名字，多是应时境而生，故一时号"晚晴老人"，一时号"晨晖老人"。

"我是谁？从哪里来？到哪里去？"对这些问题的漠视，就是根本无明。探究这些问题，能帮助人深入地体认生命的真相。

"你要接受我的教诲，首先要明白我的立场。"释迦佛说。

何为释迦佛的立场？第一，要承认并接受人面对着不确定性（无常）。第二，要承认并接受所有二元对立的感受（诸如得失、荣辱、喜怒等）都终伴随着痛苦（苦）。第三，要明白我们生于这个世间，却不为它所有；并没有一个独立的我，也没有我对这个世间的拥有。在这个世界上，更没有一个外在的上帝或神帮助我们解决问题（无我）。第四，在我们生活的世间，虽然有烦恼的火焰在燃烧，但它并不会真实地逼迫我们（空）。

在教导这四点的同时，释迦佛告诉我们，"我"就是今生唯一的"我"，能够生而为人，是最珍贵的，因为"诸佛世尊，皆出人间"。所有的"我"，皆从过去生而来。这是相同的。到哪里去？释迦佛微笑着告诉我们："不必向往远方的净土世界。安心于当下，随其心净，处处都是净土。"

"我是谁？从哪里来？到哪里去？"对于这些问题，龙溪寂静的流水从不考虑。它们有方向，也有归宿。

"如何让一滴水永不干涸？"有人问。

释迦佛说："让它融入大海。"

龙溪河谷的巨石，让我有所省悟，生活的海洋波涛汹涌，禅者是屹立在岸边的礁石。

生活中，经常有朋友遇到烦恼时找到我："为什么会这样？为什么会是我？为什么会有这样的不公平？"

有些可以劝慰，有些无法劝慰。不是那些带刺的草籽非要跑到你袜子上来，是因为你走过了草野深处。

释迦佛说"法不孤起"，"菩萨畏因，众生畏果"。世间所有的一切，都是众缘和合，没有一个可以独立存在的事物。善有善果，恶有恶果。追求觉悟的人，不昧因果，耕耘心地，为免恶果，远离恶因；而陷入无明的人，则幻想在心地里种植下荆棘的种子，日后也能结出甜美的西瓜。

能在天清气爽的日子，闲适地在九华山小住数日，漫步龙溪，缘起于《一日沙门》。以书为缘，宗学法师、梵音等人，由陌生的读者成为与我相知的朋友。

书出版后，天南海北有不少朋友以电话或电子邮件的方式，与我联

　　经常有朋友遇到烦恼时找到我："为什
么会这样？为什么会是我？为什么会有这样
的不公平？"

　　有些可以劝慰，有些无法劝慰。不是那
些带刺的草籽非要跑到你袜子上来，是因为
你走过了草野深处。

系。其中一位，是在出版社工作的编辑。

她说："看了《天下赵州生活禅》，我记下了你的名字。后来，在书店遇到了《一日沙门》，我毫不犹豫地买回家看。读你的书，即便人有再多的烦躁，也会安静下来；心底生起欢喜，渐渐覆盖了我的身心。"

这样的鼓励，对于写作者，不啻运动健儿在奥运会上喜获金牌。

"我在出版社做编辑，有个职业习惯，就是读书时喜欢挑错别字。最近，我在读你的《禅遇》，挑出了几个错别字。"

她详细地列举出这几个错别字的位置。在这个浮躁的时世，能有这么认真的读者，是我之福。感动之余，我问她："这本书不会只让您'收获'了这些吧。"

她听了一愣，半晌无语。

过了一会儿，她慢慢地说："哎呀，你还真是提醒我了。最初看《禅遇》的时候，能从你的文字中体会到隐约的禅心，我很快乐。自从起了要挑错别字的念头后，虽然也是一页页地读，我只有在找到错别字时才有感觉到快乐。我是不是错了？"

我没有回答，而是问她当初为什么买这本书。

"在书店遇到这本书后，我看了几篇文章，就决定要把它买回家。当天晚上，我一口气把它从头到尾读了一遍。"

我说："你看得仔细，能帮我挑出错别字，真令人感动。但因为这几处错，让你失去了阅读的快乐，我感觉遗憾。"

阅读如耕耘心地。如果以挑错别字的因作为种子进行播种，又怎么会从文字中得到契入禅境的果实？

同行九华的南泉、南溪，也是我的读者。九华数日，起居禅门，是他们第一次近距离地接触佛门生活。新奇之余，他们问我最多的问题，就是"佛教是什么"。

我答："佛教是释迦佛对人间的教育。"

释迦佛的根本言教，体现在五个方面：第一，要认清存在的本质是当下，意义是活在当下；第二，要认识人类的无知（无明），以便认知无明的运作机制；第三，要明白痛苦的客观存在，进而去探究为什么会有痛苦以及如何消灭痛苦；第四，要理解事物及现象没有独立的存在，一切的存在，都遵循缘起法则，彼此相连；第五，要以因果律作为行为指南，从而超越痛苦。

概要地说，释迦佛对人间的教导，首先是养成人类积极的心智模式。

培养积极的心智模式，有六种方法或者途径：第一，要能以物质、精神、真理的方式利益他人（布施）；第二，要避免一切伤害他人或自己的错误出现（持戒）；第三，为了自他两利，要能够忍受毁骂、污辱甚至打击（忍辱）；第四，要保持充沛的精力，以便能够在日常生活中去有规律地实践真理（精进）；第五，要能让心灵持续地保持平和与觉照（禅定）；第六，要能时时清醒地觉察、观照自己的心，不令它迷失（智慧）。

这六种方法，被称为"六度"。

六度，是禅修者生活中必需的"六种不同的盐"。

盐，是人们不可缺少的生活必需品之一。每人每天需要摄入六克盐，才能保持人体心脏的正常活动、维持正常的渗透压及体内酸碱度的平衡。同时，盐是咸味的载体，是调味品中用得最多的，被称为"百味之王"。盐不仅能使食物保持原来的本味，也能增加菜肴的滋味，促进胃消化液的分泌，增进食欲。

中医认为，盐是一味药，具有补心润燥、泻热通便、解毒引吐、滋阴凉血、消肿止痛、止痒的功效，可以用来治疗食停上脘、心腹胀痛、胸中痰癖、二便不通、齿龈出血、喉痛、牙痛、目翳、疮疡、毒虫蜇伤等症状。

《百喻经》中，有一则有关盐的小故事。

从前，有个愚人到别人家做客。主人请他吃饭。愚人觉得饭菜淡而无味，主人便加了些盐。加盐之后，饭菜味道鲜美。愚人想："菜的味道鲜美，是由于加了盐，加少许一点儿就这样好吃，多放些岂不更好吃？"于是愚人不再吃菜，只吃盐。结果因为吃盐过多，只品尝到了咸味，而错过了菜肴的本味。

在故事的结尾，释迦佛说："天下之事皆然，过则非惟无益，反害之。"

禅修者应该怎样摄取精神之盐呢？

以智慧为例，如果一头雄狮与一只兔子为敌，那是它把自己当成了披着狮皮的兔子。

以禅定为例，眼前的九华与龙溪就是答案：心定如山，随缘似水。

以精进为例，罗马城不是一天盖起来的，但它是一砖一石盖起来的。

以忍辱为例，对于斧头的劈砍，檀香木回报的，依然是芬芳。

以持戒为例，欲望是一只有破洞的口袋，不要妄想去填满它。

以布施为例，《杂宝藏经》中记载了一个故事。

一个人跑到释迦佛面前哭诉："无论做什么事，我都没有成功。这是为什么？"释迦佛说："这是因为你没有学会布施。"

"可我是一个穷光蛋！没有钱，怎么来布施？"

释迦佛说："一个人即使没有钱，也同样可以做七种布施。第一'眼施'，以善意的眼神去看别人；第二'颜施'，你可以微笑着与别人相处；第三'言施'，你对别人多说鼓励的话、安慰的话、称赞的话、谦让的话、温柔的话；第四'身施'，以行动去帮助别人；第五'心施'，敞开心扉，诚恳待人；第六'座施'，乘船坐车时，将自己的座位让给他人；第七'房施'，如果房子有空闲，就用来为他人提供休憩之所。"

来人听得愣在那儿。

释迦佛说："无论谁，只要养成这七种习惯，既不损耗财物，又能获得很大的福报。"

《天工开物》中记载，因产地不同，盐分为海盐、池盐、井盐、岩盐、土盐、砂盐等。分类虽有不同，盐味没有差别。

六度也是一样，虽貌似不同，实际上是一个整体。

以忍辱为例。忍辱，能够忍受他人对你的污辱，同时，扩大了心灵空间，来容纳他，这也可以视作心灵的布施；因为能够忍辱，你避免一切伤害他人或自己的错误出现，这就是在持戒；同时，在忍辱的过程中，培育着积极的心智模式，这就是精进；面对羞辱，能够让自己持续地保持正念，这就是在练习禅定；同样，在这个过程中，能够不随境转，心如如不动，体现了智慧。

在培养积极心智模式的实践中，如果缺乏了智慧的觉照，对六度中的某一个有所偏重，不能圆融兼顾，只能阻碍人对真理的体认。因此，在《大智度论》中，释迦佛指出"五度如盲，智慧如眼目"。

以前面提及的那位为《禅遇》挑错的读者为例，如在读书之初，即有心要挑错别字，这样做，并非失去觉照；如果最初想通过书中文字领略禅心，后来却把注意力放到挑错上，则是失去了本心、失去了觉照。

在青山绿水间，能有如此深的感悟，我怎能不面生微笑？

这时，听到南溪喊我："老马，你别光站在那儿傻乐，咱们该往回走了！"

此刻，走在前面的南溪、南泉、茗雪，正转过身来笑眯眯地瞅着我。

玖

林下相逢　山中作伴

01 山中何所有

眼前烟云流动。

流动的云，让我想到美国超级魔术大师大卫·科波菲尔。

众目睽睽之下，他将一架七吨重的喷气式飞机变没了；当着众多现场观众及 5000 万电视观众的面，他将美国纽约港高大的自由女神像整得无影无踪；在北京，他走入长城城墙，又从另一侧走了出来……

现在，他化身为云，用手一指，大觉寺周围的山峰，立时悉数隐没。

当然，飞机不会突然失踪，自由女神像也不会被凭空移走，群山更不可能消失。这让人目瞪口呆的一切，都是短暂的幻象。以云背后的群峰来说，我们看不见它，并不表明它不在那里。云的背后是山，山的背后还有山……更远处是大海。云背后的山，我们都看不到，更遑论更远的大海？

在空间上，至大无外的宇宙、至小无内的电子质子，人的眼睛无法看到端倪。在时间上，已经消失的过去、尚未到来的未来，人的眼睛同样无法看到。视觉、听觉、嗅觉、味觉、触觉，在认知方面，都存在各自的局限，以致意识出现局限。因此，释迦佛才谆谆地教导我们，只有不执着于这些片断的认知手段——如《心经》中所说"无眼耳鼻舌身

　　学禅者问禅师："从开始禅修到开悟，需要
多少时间？"

　　"10年。"

　　"如果我加倍努力呢？"他满怀信心地问。

　　"20年。"

　　"为什么时间反而长了？"学禅者有些急躁。

　　禅师说："以你当下的心态，可能要30年。"

意"，才能保持心灵的开放性与完整性。

流动的云，出现罅隙，隐约露出青山的一角。

客居九华，领略宁静之美。

妻子牵挂我，发来短信："山中数日，心安顿否？"我回复说："每对青山，如晤故友；陪云漫步，当下安然。你与儿子可好？"妻子为免我牵挂，回复我："都好。笨笨在睡觉觉。"过了一会儿，她又告诉我："北方天气渐凉，给儿子穿上了厚衣服。他像一只小笨熊，躺在床上，自己翻不过身了。"

——那时，儿子刚六个月大。

我将这些短信抄到小本子上。有时翻看这些潦草记事的字，心里会生起些许温馨。从九华返京再次见到儿子时，他可能感觉眼前这个人有些面熟吧，客气地对我笑了一下，但不肯让我抱他。如今的儿子，已经会满地跑了。我写作时，他不是在一旁捣乱，就是缠着要我到客厅里陪他玩小汽车。

山居中，朋友文雁来短信问"山中何所有"。我借句于南朝梁武帝的"山中宰相"陶弘景，回复道："山中何所有，岭上多白云。只可自怡悦，不堪持赠君。"

是啊，山中能有什么？岭上只有飘逸的白云。对于深爱名利场的人，白云又价值几何？而令隐居者心喜的，不正是白云的逍遥与飘逸吗？这份喜悦，恰如白云一样，无法拿起来赠送他人啊。

她同样心怀向往："日出则起，日落则息，饥则食，渴则饮，看云蒸霞蔚，听鸟语虫鸣，没有世事纷扰，真想过几天这样的日子。"

满目青山让人省悟到，山川、河流、草木，无不是以赤子之心示人的。自在飘逸的白云，为什么偏偏要为它们披上曼妙的纱衣？

晨斋后，我们在大觉寺周围漫步。南溪忽然有了写生的愿望。他快步跑回房间，取来册页、毛笔、墨汁、画盘，又用矿泉水瓶灌了一瓶山泉水。

册页摊开，雪白如云。浓墨淡墨，湿笔干笔，一番简单的勾勒，册页上，起伏的山峰出现了，早醒的松杉出现了，嶙峋的怪石出现了，龙溪上安静不语的大觉桥出现了，寺院大殿的轮廓出现了，扑棱棱向远处飞去的小鸟出现了……

草叶上的露水，沾湿了他的衣履，南溪浑然不觉。他抬起头，瞪大眼睛，专注地采撷着眼前的风景，然后低下头来，借纸与笔，充满激情地再现。

画满的一页被掀过。在新页面的中间，愉悦的笔触，淡淡的墨色，轻轻勾勒出一条起伏的线条。我顺着他的目光望远，远处山峰的轮廓，被他搬到画面上来了。线条之上，他用稍深一点的墨色勾画出一棵树，又一棵树……他调了调色，用深一点的墨点染画面。我看到，册页中间的远山峭壁上，成排的松树静静地伫立。隔得太远了，它们应该看不到在我身边蹲坐的南溪，听不到他沉缓有力的呼吸。这些松树，直立、牢固，经年累月地站在峭壁上，挺直躯干，忍受寂寞，虽然眼前有流云，耳边有风声。

南溪的线条富有生机。因为他不仅描绘风景看上去像什么——山是起伏的，树木是直立的，还艺术地再现它们在他心里的投影——山大度沉稳，树木洋溢生命力。

站在一旁，看南溪写生，我心生感动。

他笔墨下的山、树，与我每日惯看的，明显不同。以往看山看水，我大多会感慨"这片景色很美"，而不是追问："为什么会感觉这片风景美？是什么吸引你的注意力？它让你想到了什么？除了很美这个词之外，你能不能找到其他具体形象的词来形容它？"不停地追问，如同画家的线条，帮助人在心中勾勒被观察的事物，进而深入理解事物庄严的存在。

要在这个世界中安顿身心，需要长时间地凝视，而不是走马观花地看。南溪写生的过程，让我想起法国小说家福楼拜对他的学生莫泊桑说的那番话："才能就是持久的耐性。对你所要表现的事物，要长时间用心地观察它，体会它，以便找到其他人没有发现的特性。任何事物，都有未被发现的东西，因为人们观看事物时，只习惯于回忆起前人对此的看法。最细微的事物里，也会有一点点未被认识过的东西。为了认识、表达一堆篝火，或平原上的一棵树，我们要面对它，直到发现它与其他树、火的不同之处。"

眼前流云变幻，将《心经》中深奥难懂的"色不异空，空不异色；色即是空，空即是色"，存在与虚无的统一，形象地再现出来。从"毕竟空"的角度看，云的生灭，人的生灭，以及世间万物的生灭，这些现象有什么意义呢？如果只看到这一点，就掉进了释迦佛所批评的"悲观论"及"虚无论"的陷阱中。

世界虽然如梦如幻，人还是应该学会过有情有义的人生。生命中的一切，只能经历，不能占有。明白了这一点，就会懂得，其实世上并没有所谓失去，只不过是经过而已；也没有什么所谓失败，只不过是经验而已。用浏览的心情看人生，一切都是风景。

好的画家，好的画作，帮助人们清楚地认知自我与世界的存在。生命如同一张白纸，关键看你赋予它什么样的色彩。生命的意义，比作一幅绘画作品的话，关键在于我们如何用心用色彩完成它。

释迦佛说："心如工画师，分布诸彩色。"只有用心，才会有佳作出现，"然不离于心，有彩画可得"。如果不能了解自己的心，又如何来画好人生这幅作品呢？禅修，亦同此理。

了解自己的心，才能"观自在"。要"观自在"，必须要先点亮心灯。只有点亮心灯的人，才会深深领会日本禅学大家铃木大拙所说的"世界是没有边界的，每个人都是中心"，从而不再去教一棵树如何伸展枝丫。

一个学禅者问禅师："从开始禅修到开悟，需要多少时间？"

"10 年。"

"如果我加倍努力呢？"他满怀信心地问。

"20 年。"

"为什么时间反而长了？"学禅者有些急躁。

禅师说："以你当下的心态，可能要 30 年。"

心灯不亮，一个人的世界注定暧昧昏暗。执迷于向外求索，反而离禅境越来越远。就像《徒然草》一书中，日本僧人吉田兼好说的那样："一生势必为小节琐事所拘，徒然度过。"

起伏的线条是山，浓淡的墨色是树，画面的下半部分，留有大片空白。

"要不要在空白处勾勒几笔云？"

"空白就是云，还用勾勒吗？"

南溪将笔放在画盘上，他伸手朝正涌来的云雾作势一抓，迅即往画上一投。

"这就是你要的云。"

一片淋漓的水色，在画面上，晃来晃去。

"九华山太美了，处处都是天然图画。"南溪低头看了看写生稿，对我说："你看，这幅作品多么灵动！我平日用心画反而画不出来呢！"

02　与菩萨为友

　　在《佛说孛经》中，释迦佛告诉人们："友有四品，不可不知：有友如花，有友如称，有友如山，有友如地。何谓如花？好时插头，萎时捐之；见富贵附，贫贱则弃，是花友也。何谓如称？物重头低，物轻则仰；有与则敬，无与则慢，是称友也。何谓如山？譬如金山，鸟兽集之，毛羽蒙光；贵能荣人，富乐同欢，是山友也。何谓如地？百谷财宝，一切仰之，施给养护，恩厚不薄，是地友也。"

　　对自己及朋友，我们了解多少？与此相关，有六个问题，如果想真正了解自己与朋友，不妨认真回答一下。

　　1. 如果从你认识的人中找出一些人来，让他们站在你身后，他们都向你保证会托住你。那么你会毫不犹豫地倒向谁？这个"谁"会有几个？

　　2. 如果你被大火围困在二楼阳台上，一个陌生人向你喊道："跳下来！我会接住你！"你会不会跳？你需要思考多久，才会相信他？

　　3. 如果有一天，你在一个城市迷了路，且身无分文。现在给你一张电话卡，允许你向朋友求救，你觉得有多少人会赶过来帮助你，有多少人会找借口拒绝你？

　　菩萨发愿"于诸病苦，为作良医；于失
道者，示其正路；于暗夜中，为作光明；
于贫穷者，令得伏藏"（《普贤菩萨行愿品》
句）。如果与菩萨为友，并且按他的教导去生
活的话，人们会变得平和、富足、喜乐，变
得无怨、无悔、无忧。

4．在因果的记事簿上，记载着每个人说过的话和做过的事。计量标准是：每做一件帮助别人的事，奖励一百元；说一次鼓励人的话，奖励一百元；说一声谢谢，奖励五十元；说一声对不起，奖励三十元；反之，做一次伤人的行为，罚款一百元；说一句损人的恶语，罚款五十元。算一下，到目前为止，你是百万富翁，还是负债累累？

5．你要举办一次宴会，当然，你可以邀请朋友、有钱的邻居，他们会记住你的盛情并有能力偿还你，你也可以邀请流浪汉和伤残者，他们同样会记住你的仁慈，但没有能力偿还。你会邀请谁？

6．风雨交加的夜晚，你开车去接在汽车站躲雨的妻子。到达时，你发现那儿除了妻子，还有你最尊敬的老师、曾救过你命的医生、一位知心好友。他们都已浑身湿透。假如你的车只能载三人，你如何选择？你有没有这样想过，自己下车，让他们先走，然后让一个人回来接你。

这六个问题，是没有标准答案的。

但答案清清楚楚地写在每个人心里。

写生归来，南溪、南泉向我咨询"什么是皈依"。

我回答说："皈依就是与菩萨做朋友。"

人们常说，有什么样的朋友，就有什么样的世界。与菩萨做朋友，能够拥有什么样的世界？

菩萨发愿"于诸病苦，为作良医；于失道者，示其正路；于暗夜中，为作光明；于贫穷者，令得伏藏"（《普贤菩萨行愿品》句）。如果与菩萨为友，并且按他的教导去生活的话，人们会变得平和、富足、喜乐，变得无怨、无悔、无忧。

"与菩萨做朋友，必须要给他顶礼吗？"

"菩萨并不需要。只是顶礼可以折服我们的傲心，帮助我们培养正念，让我们学会尊重知识传承者；借由这个简单的动作，还可以让我们血脉通畅、身心协调。"

"强调顶礼是不是执着？"

"强调不要顶礼，反而是执着。"

"顶礼只是个形式，有那么重要吗？"

"刚才说过的，菩萨并不在意你是否给他顶礼。顶礼能够让我们拥有一颗谦卑的心。谦卑不会使人低下，它只会使人高尚。谦恭地了解自我的人，他脚下的路会越走越宽；骄慢自大的人，脚下平坦的道路有时会竖直成为墙壁。"

"皈依之后，见了僧人就要顶礼吗？"

"这要看具体的环境。如果在寺院，可以这样做。如果是在大街上，则不必。"

"顶礼僧人就因为他穿着那身衣服吗？"

"我们顶礼僧人，是对佛菩萨、佛法表示尊重。我们能听闻到佛法，要感谢历代的僧人，感谢他们示现僧相，传承释迦佛的智慧、慈悲。"

"现在大街上有很多假和尚，怎么辨别？"

"只要不迷信那身衣服，还是能够一眼就看出来的。"

"学佛一定要在家中供佛吗？"

"心中有佛，佛无处不在。"

……

当天上午，南泉、南溪决定与菩萨为友，他们礼请宗学法师做见证师，在大觉寺举行了简单而庄严的皈依仪式。

皈依之后，南溪向我问了这样一个问题："一个人做了错事，也能来皈依吗？"

"可以。"

"为什么呢？"

"做了错事的人，只要肯忏悔，他就有改过的机会。像今天，你们皈依时，宗学法师首先要你们忏悔自己过去在行为、语言、意识上所造成的一切错误。忏悔是认知错误的方法，也是止恶生善的开始。"

"坏人也可以皈依，这佛门是不是太宽容了？"

"肯来皈依，说明他有心向善。日本有位禅师说：善人尚可得度，况恶人乎？恶人肯来向佛，放下屠刀，这难道不是件好事吗？"

我想起以前读到的一个"做了错事的人"皈依的故事。

在一家寺院的法会上，信众们把随身携带的财物放在一旁。一个小偷悄悄地混进来，趁大家专心念经的时候，偷了不少贵重的东西。小偷被当场抓住。这个贼被扭送到禅师跟前。在禅师威严的目光中，小偷充满恐惧地跪下来。禅师把手放到他的头上，一边轻轻地拍打着，一边说"皈依佛，皈依法，皈依僧"。过了十几分钟，禅师说："好了，你走吧。"就这样放走一个贼？信众们表示不解。

禅师说："他不是贼，他只是一个做了错事的人。"

这个"做了错事的人"听到这句话，心里咯噔一声。

走出寺院，他的心难以安顿。以前，他被人抓住，不是被痛打一顿，就是被扭送派出所，甚而被拘留数日。被抓之后，从来没有人尊重过他，也没有人把他当人看。他没想到，自己这一次这样幸运。回味着禅师所作所为的每一个细节，他心中一会儿悲、一会儿喜。禅师那句"做了错事的人"，更让他心生愧疚。

在此之前，他从来没有为自己这样做而愧疚过。

当天夜里，他久久不能入眠。半梦半醒之间，他发现周围充满了令人恐怖的黑影。惊恐万分的他，忽然想起禅师拍他头时说的话："皈依佛，皈依法，皈依僧。"就像落水者抓住救命的稻草，他大声念了起来。

说来奇妙，那些令人恐怖的黑影消失了。

第二天，他哇哇大哭着跑到禅师门前跪下来忏悔，请求皈依。

后来，他成为一位在禅修方面非常出色的在家弟子。

释迦佛被喻为"大医王"，也就是最高明的医生。对医生来说，即使犯罪的人得了传染病，他也会冒着生命危险去救治他。医生是要为众生服务的，他不会因为陪在小偷的病床边度过了不眠之夜而被人贬低。

皈依犹如一颗种子。在心里种下它，会慢慢地长出一棵大树。这棵大树又为我们提供心灵的庇护。

在我的朋友中，有些人，皈依之后，身心发生了很大的变化。

作家张志军夫妇皈依后，再没有添置过一件新衣服。他们恒念物力维艰，以惜福为修福的手段。他们这样做，并非守财奴，而是用节省下来的钱帮助其他需要帮助的人。

诗人明达皈依后，原来的火暴脾气明显转变。有一次，他被人误解，对方在电话里狠狠地骂了他一通。他认真地接听着，没有反驳一句。再后来，对方知道自己弄错了，打电话来道歉。他没有责备对方一句。对方问："你当时为什么不解释一下呢？"明达说："那个时候，我解释，你也不相信啊，所以就不用解释了。现在你都明白了，责备你也没有意义啊。好了，就这样吧。"

画家韩拓之皈依后，坚持食素，不期然浑身难治的皮肤病竟然奇迹般消失了。他觉得神奇，专门去禅师那里讨教是怎么回事。禅师告诉他："这是因为你心安顿了，身体也跟着安顿了。"

见证我皈依佛门的净慧禅师曾对我说："皈依后，你在做事时，要尽可能地与佛法相应。这就是修行。你还要记住，修行这件事是要求自己，不是要求别人。"

　　禅修帮助人培养心灵的觉照能力，帮助人远离执着妄想。禅修也不是一味地谈玄说妙。净慧禅师说："在生活中修行，在修行中生活。"对禅修者而言，家庭是禅修之处，单位也是禅修之处；乘坐公交车可以禅修，步行在大街上也可以禅修……

　　释迦佛说："随处是道场。"可以说，整个世界，随处都是我们的禅修之地。

03　筚路蓝缕，以启山林

从九华街来大觉寺，车沿山路前行到一丁字路口，左去凤凰松，右通大觉寺。右行，过大觉桥后，道路又一分为二，向左是大觉寺，向右是废弃的九黄公路。

左转，沿山路上行。左为幽深的龙溪，右为峭立的山岩。行至高处，右转，眼前一下子豁亮起来。

眼前的大觉寺，素朴、简单。前院是在建的大殿、数排平房，后院是厨房、斋堂、客房，后院坡上，树林掩映着一座禅堂。

寺中，常住僧人三五个，偶然会多一两个来挂单的，住几天就走了，来去如白云。

宗学法师发大誓愿，在重建大觉寺的同时，还兼任着铜陵南泉寺的住持，着手兴复唐代著名的南泉普愿禅师的道场。

大觉寺没有围墙，也没有山门，保持着开放的胸怀。寺中道路，由碎石铺成，踩上去咯吱作响。寺院左侧是山坡，山坡上竹杉万竿；寺院右侧，是个小平台，有个竹搭的茶亭，亭前两棵桂树。宗学法师说："一株是金桂，开金黄色的花；一株是银桂，开银白色的花。花开的时候，在亭中喝茶，空气都是香的。"

　　宗学法师安淡惜福，恬静坚毅，厚重淳朴，素处以默。在他的静默中，有着谦恭、勇毅、无畏与担当。他以平常心，做本分事，随心所欲而不逾矩。他的言谈举止，印证了德国大哲学家康德的发现："自由不是想干什么就干什么，而是想不干什么就有能力不干什么。"

一天，坐在茶亭下，南溪问我："大觉寺为什么没有门呢？"

"因为禅宗是'无门关'。"

"什么是无门关？"

"无门关"是古代参禅者必须面对的一道关口。典故出自《赵州禅师语录》。有僧人问赵州禅师："狗有没有佛性？"赵州回答："无。"僧人又问："佛说一切众生都有佛性，为什么你说狗没有佛性？"赵州说："因为你有业识在。"

宋代大慧宗杲禅师为帮助学人透过"无门关"，苦口婆心地说："（此处的"无"）不得作有无会，不得作道理会，不得向意根下思量卜度，不得向扬眉瞬目处垛根，不得向语路上作活计，不得扬在无事甲里，不得向举起处承当，不得向文字中引证。"

不能将"无"当作"有无"的无来理会；不能将"无"当作道理来领会；不能向意识领域里去作逻辑推理；不能向师父的扬眉瞬目处去猜度；不能在言语中推断；不能将"无"抛弃在无事的意念之中；不能顺着公案的本意去理会，要离开公案的原意去参究；不能到经论的文字中去引证。

宗杲禅师逼拶学禅的人看住这个"无"字，破斥掉一切的妄想执着，直至最后连这个"无"字也打破，从而超越一切有为的境界，真正获得禅的体验。

山野中的大觉寺，处处敞开着门。像立体的"无门关"公案。

大觉寺远离繁闹的九华街，能来到这里的香客，大多是慕名而来。禅门古德说："尽道山中修道好，多见道人喜入城。"令人感慨，出家人喜欢往城市里跑，古已有之。然而，真正的禅者，却能够安贫乐道，过简朴的山居生活，因为他有一颗安静的心。

日本禅僧道元说："学道之人须贫。"书僧良宽说："为僧当清贫。"俳句诗人松尾芭蕉说："托钵僧之心始可贵。"禅门的清贫，本质是不为物累。也许唯有不为物累，人才能保持内心的清澄明净，才有机会接近无住的禅心。

宗学法师安淡惜福，恬静坚毅，厚重淳朴，素处以默。在他的静默中，有着谦恭、勇毅、无畏与担当。他以平常心，做本分事，随心所欲而不逾矩。他的言谈举止，印证了德国大哲学家康德的发现："自由不是想干什么就干什么，而是想不干什么就有能力不干什么。"

他平日无事，喜欢打坐。翻读我送他的《禅遇》时，他看到篆刻家北辰先生的"只管打坐"一印，很是喜欢。我说回京后代他向北辰兄求刻一方。他一脸歉意："那样是不是会给人家添不少麻烦？"他总是这样谨慎，生怕搅扰他人。

在松林间漫步，我看到几只大蜘蛛正在松枝间织网。作为一片心灵的安居之地，大觉寺正处在"筚路蓝缕，以启山林"的筹建中。

宗学法师曾到法国亲近一行禅师。在法国西南部波尔多的梅村国际禅修中心，他在一行禅师的僧团里生活了近一年。说起那段岁月，他感慨颇多，说想把梅村的模式复制到九华山来。说着，他打开电脑，找出在梅村生活时拍摄的照片，让我们看。

一幢幢异域风情的房子，处处绿草鲜花。房间里的设置，朴素、简静、素雅，明亮的玻璃窗，原木的家具，古雅质朴的陶器茶具。无雕饰的木门，给人手感的温暖；狭小的房间，因摆布合理，富有自在之感。每个细节都蕴藏幽妙的奇趣，匠心独运，又毫不造作。禅境无言，但照片中的一事一物，都在与观看者无声交流着。

在保护环境的前提下，建造一座没有围墙的寺院，让来人有"我已到了，已到家了"的感觉，便是宗学法师的大觉寺之梦。

在他的描摹中，我开始想象大觉寺。

应该有一所茶室。茶室要藏在巨石的后面。外墙用山上的毛竹搭建，自屋顶引下一根水管，直接用山泉水来煮茶。茶室不必大，供三五个人饮茶就够了。茶室的屋顶，要用山上的松树皮覆盖。

应该有一个日本寺院"枯山水"般的微缩庭园。在大殿走廊的某一处，铺一地白沙石，再从山上搬三五块长着苔藓的不规则的石头，随意地摆在白沙地上。那几块石头，可以想象成一座座的山；地上的白沙，用耙耙过之后，可以当作河流或大海。不论晴日还是雨天、雪天，坐在廊下看它，会有不同的感受。眼前一片寂静，白沙与巨石上的苔藓形成鲜明的对比。从不同角度看，每块石头都在变化着。仔细地看，可以从眼前的有限，体会到世界的无限。

禅堂后面的山坡上，应该保留那排高大的松树。在这排高大的松树面前，禅堂像个正在长大的孩子。松树下垂的枝条，像老爷爷伸出手，来为孙子摩顶。

……

中国的寺庙建筑，在唐代以后，渐显精神的委顿，愈是突出华丽的雕琢、彩绘，愈是彰显出内在精神的媚俗。寺院应该恢复释迦佛时代那种朴素无华、雄浑壮美的风格，甚至营构一些体量并不庞大的殿堂，将建筑融入自然的山水，让人的心灵与自然之心合二为一。

这种看似素朴的建筑，往往蕴含着伟大的智慧，如静默无言的大海沉潜着巨大的涛声，比表面的狂啸更令人敬畏。禅与生命的契合，往往会在静默中幽然显现。

临别九华之前，南泉、南溪与我决定帮着清理一下上山的路。从山脚下到山坡上，本来有一条石阶路，由于人走得少，路渐渐被延伸的藤萝、漫长的野草遮蔽了。我们借来砍刀，将伸向石阶的杂草做了清理。

禅门讲究作务（劳动），这也是体会禅心的最好时机。唐代的赵州禅师，年过八旬，还要扫地。我们为寺院清理一下山路，愿以此来与踏上这条路的人结个善缘。扫地开路，是修行的时机，也是人积累资粮的时机。

修行，如人远行，需要积累资粮。在日常生活中修行，要保有持久的耐心；因为开悟毕竟不是一蹴而就的事。

有一竿竹横向路中，拦着行路人。我把它扶直时，听到竹干里有清澈的水声。竹干里有水，说明有虫子咬破了竹干。

古代的禅师说禅，活泼可爱，他们也曾借竹与虫讲法。比如说，渐悟如同虫子竖着咬竹节，咬穿一个再咬一个，直到无节可咬，虫子就自由了；而顿悟是横着咬，虫子只需咬穿一节，就自由了。然而，爬出竹节还不是万事大吉，还要"悟后起修"，继续往高处攀爬。

山中秋来早，夜来得也早。

黄昏时分，夜色渐渐深蓝，不见落日，只见远处的天空上方，还留有一片明亮的夕光。从山上下来，远远望见殿堂里的灯盏，散发着柔和的光。殿堂中，身着缁衣的僧人一边念诵，一边绕佛。

人类的大觉者释迦佛，在殿堂中端坐微笑着。

释迦佛的微笑提醒我们，法喜禅悦，就在此时此地，就在当下。苦难无处不在，但内心是否痛苦，人则可以选择。痛苦如同肥料，它能够让人的心田更加肥沃；因此，没有痛苦，就没有净土；因此，只需活在当下，而无须到遥远的时空中去寻觅净土。对禅者来说，净土是每天二十四小时皆可入，问题反倒是"我们是否有时间到净土中去"。要知道，哪里有理解与慈悲，哪里就是净土。

在《金刚经》中，释迦佛告诉我们，"一切法皆是佛法"。关键在于，我们对所知的法不能执着，不能一叶障目。光看地图没有用，要领略到真正的风景，必须要出去走一走；禅修也一样，仅靠读书或在禅堂打坐是不够的，要学会在日常生活中观照身心，那才是实践佛法。在一天之中，能保持一分钟的观照，你就是一分钟的"佛陀"；能保持一刻钟的观照，你就是一刻钟的"佛陀"。保持心灵的观照，并不在乎你是坐着、站着还是躺着，或者手中在做什么。只要保持观照，净土触手可及。

所谓观照，就是用心去察觉，用心去照看。释迦佛说："若人欲了知，三世一切佛，应观法界性，一切唯心造。"佛法即是心法。世俗生活与佛门生活有共同处，那就是都离不开心；不同之处，在于修行者的生活离不开心灵的观照。

没有观照的心，是一扇厚重的城堡之门，没有外面的锁，只有里面的闩。与其让别人在外面使劲地踹，不如自己在里面轻轻一拨。

04 佛有爱

大觉寺的茶亭，又坐满了人。

其中，有初来时见到的杭州女士。见到我们，她很开心："真是有缘，你们没有走。我说过的，我还要来的。这回我把小孩也带来了。就是他，你们看。"说着，她把怀里的孩子递给我。

我接过来。圣严法师说"童真的幼儿，都是小菩萨"。这位十五个月大的小菩萨，安静地任我抱在怀里，还抬起头朝我微笑了一下。南溪看着喜欢，又从我怀中把他接过去，双手举高，逗得小菩萨呵呵张大了嘴巴，口水顺流而下，滴到南溪脸上。

记得她说过，以前因为做手术，医生讲她不会再怀孕。前年偶来九华朝山，默述心愿后，过了数月，竟然有了身孕。此事令医生都觉得奇怪。在我看来，这同样是"愿力的奇迹"。因为诸佛菩萨的通愿，就是令众生从种种苦恼中获得解脱，得到幸福。

像杭州女士这样，因为祈愿，所以如愿。这其中纵然有诸佛菩萨的慈爱，也离不开其他条件的支持。祈愿得遂，是"佛有爱"；如果祈愿未遂，是否就要说"佛无灵"呢？

对因为受伤罹病接受治疗的人，首先要相信现代医学的进步。在治疗过程中，如果心还不够踏实的话，也可以祈请佛菩萨提供帮助。释迦佛说："心生种种法生。"西方心理学家荣格借此总结出，遇到问题，如果能保持平和、自信、乐观的心，事情会朝着积极的方向去发展；反之，则会朝着消极的方向去发展。

丰子恺先生曾写过一篇《佛无灵》，他写道：

信佛为求人生幸福，我绝不反对。但是，只求自己一人一家的
幸福而不顾他人，我瞧他不起。得了些小便宜就津津乐道，引为佛
佑（抗战期中，靠念佛而得平安逃难者，时有所闻）；受了些小损
失就怨天尤人，叹"佛无灵"，真是"阿弥陀佛，罪过罪过"！他
们平日都吃素、放生、念佛、诵经。但他们的吃一天素，希望得到
比吃十天鱼肉更大的报酬。他们放一条蛇，希望活一百岁。他们念
佛诵经，希望个个字变成金钱。这些人从佛堂里散出来，说的都是
果报：某人长年吃素，邻家都烧光了，他家毫无损失。某人念《金
刚经》，强盗洗劫时独不抢他的。某人无子，信佛后索得一男。某
人痔疮发，念了"大慈大悲观世音菩萨"，痔疮立刻断根……此外
没有一句真正关于佛法的话。这完全是同佛做买卖，靠佛图利，吃
佛饭。这真是所谓："群居终日，言不及义，好行小惠，难矣哉！"

对于这一点，丰子恺先生更有甚深见解。

真正信佛，应该理解佛陀四大皆空之义，而屏除私利；应该体
会佛陀的物我一体，广大慈悲之心，而护爱群生。至少，也应知道
亲亲而仁民，仁民而爱物之道。爱物并非爱惜物的本身，乃是爱人
的一种基本练习。不然，就是"今恩足以及禽兽而功不至于百姓"的
齐宣王。上述这些人，对物则惓惓爱惜，对人间痛痒无关，已经是循
流忘源，见小失大，本末颠倒的了。再加之于自己唯利是图，这真是
此间一等愚痴的人，不应该称为佛徒，应该称之为"反佛徒"。

2008年5月12日，四川省汶川地区发生了特大地震。地震发生后，有人问我："这一天是农历四月初八，是释迦佛诞生的日子。这么吉祥的日子，为什么人间会有这么大的灾难发生？"

他的潜台词，好像是质疑是否"佛无灵"。

这个问题，倒也不难回答。佛到底有灵无灵，要看你怎样看佛。

释迦佛从来没说自己是救世主、创世者、主宰者。他说他和你我一样，是生活在红尘俗世中的肉身；和我们不同的是，他是众生中的觉醒者。

释迦佛的教导，归根结底，不外乎"三法印"。三法印，就是"诸行无常""诸法无我""涅槃寂静"。

诸行无常，是说世界万物的发展变化，是不以个人意志为转移的。佛诞日这么吉祥的日子，灾难依旧发生，这就是释迦佛所说的诸行无常！

诸法无我，是说一切事物的存在，不是外在的、独立的主宰者创造的，都是因缘所生。这是释迦佛提出的最难令人接受的观点，因为人总希望能够有个救世主、创世者、主宰者来帮助自己。

涅槃寂静，要多说两句。涅槃，其本原的意思，指木柴的火焰熄灭了；在佛法中，借指烦恼的火焰熄灭了。人有烦恼，是因为执着于自我；如果能超越自我，进入无我的精神之境，就能超越烦恼，不再痛苦，从而身体轻安、思想平和、心灵宁静。

释迦佛把解脱的方法告诉人们，剩下的事，需要你我亲身实践。在这个意义上，不是释迦佛帮助了我们，而是我们帮助了自己。所以，释迦佛说："我虽说法四十九年，却没有救度过一个众生。"

小菩萨已经会蹒跚走路。南溪把他放到地面上，他走向茶桌，抓起盘子里的糖果，一一分给在座的人。

手里刚接过小菩萨递过来的糖果，衣兜里的手机响了一声。

妻子发来短信："你在九华山为玉儿祈祈福吧，她住院了。"

我悄悄地远离人群，打电话过去，询问缘由。

妻子的侄女玉儿感染了猩红热，小区诊所的医生未判清病情错误用药，导致高烧不退。送到传染病医院后，医生发现玉儿腿上长了疖子。医生说，这个疖子很危险，如果高烧不退，会引发合并脓毒症。

我找到宗学法师，请他明日清晨安排个祈福法事，为玉儿消灾。我给玉儿的父亲打了电话，对他说："有问题，不要慌，不要怕，更不要哭。要像圣严法师说的那样去做，遇到问题，要接受它，面对它，处理它，放下它。你就学着先接受它，然后积极面对，积极寻找解决的办法，尽力去处理，然后放下它吧。"

次日清晨，我很早起床，洗漱后，到大殿跟僧人们一起诵经为玉儿祈福。"笃笃"木鱼声与虔心诵经声音声共振，营造出让人心安定沉稳的气场。

下午打电话过去，了解到，玉儿开始退烧了。

南溪、南泉听闻此事，感觉不可思议。其实，这不光是佛的力量，也有医生的力量。救死扶伤的医生，他们在救治伤病、挽救生命时，是与佛同心的。

汶川地震发生后，海峡两岸暨香港的佛教高僧纷纷主持法会，祈愿死者安息而往生，生者安宁而延生。法会的举办，彰显了佛教对人间的关怀，这与西方心理学近百年来兴起的哀伤治疗，殊途同归。佛门的法会帮助生者正视死亡，早日从苦难的阴影里走出来，在现实中坚强地生活下去。

对因为受伤罹病接受治疗的人，首先要相信现代医学的进步。在治疗过程中，如果心还不够踏实的话，也可以祈请佛菩萨提供帮助。释迦佛说："心生种种法生。"西方心理学家荣格借此总结出，遇到问题，如果能保持平和、自信、乐观的心，事情会朝着积极的方向去发展；反之，则会朝着消极的方向去发展。

佛门的法会，作为心理治疗的成功范式，对民众有着巨大的心理抚慰的功能，因为佛有爱。

当然，在付诸行动之前，爱不能称为爱；因为无关他人的幸福，从来不是真正的幸福。

05　生活在别处

狭窄的山路、起伏的山地、淳朴的山民、清澈的山泉、潺湲的溪流、摇曳的翠竹、深绿的茶坡、峭立的巨石、连绵的山峰、神秘的肉身、灰色的僧人、黄色的庵群、黑瓦白墙的民居、奇特的凤凰松……

这些江南生活的印象碎片，在提醒我，现在是"生活在别处"。

当生活由混乱与喧嚣一下子转化为宁静与散淡，人会重获敏锐的感知力。在人群拥挤的城市中，我们已经习惯了麻木与冷漠，那颗敏感的心被包裹得严严实实。在异地，远离了现代的高楼大厦，回归到自然的素朴纯真的怀抱里，我们开始真切地感知自己的心。

从美学的角度讲，真正的生活，永远在别处。"生活在别处"，是梦，是艺术，是美，是诗。然而，一旦新鲜的别处变为熟悉的此地，生活即展现出现实的一面：冷酷。19 世纪的英国大诗人华兹华斯曾对伦敦的生活发出质疑："我始终对一件事感到不解，人们如何可能与隔壁的邻居在同一处生活，却如陌生人一般，全然不知彼此的姓名？"

静下心来在寺院里住几天，意味着你将发现一个崭新的世界。这与在尘世远距离地旁观佛门生活而形成的想象，大为不同。当然，想象中的肥皂泡，也许会破灭一些。

　　对旅行者来说，出门在外，异地风情会带来短暂的欢愉，而随之而来的孤独，却是最常见的感受。在客舍，在行旅，在山间，在水边，人往往会生起怀乡的思绪。人毕竟不能像蜗牛那样，在漂泊中，把家背在身上。

一说起寺院，许多人感觉这里的、那里的都大同小异。如果能够从不同的寺院看到彼此间的差异处，人对佛教的认知，肯定会深入而亲切，既不再是当初的狂热，也不再是惯性的漠视。

要欣赏一座寺院的美，你必须向自己提问：这座寺院与我见过的其他寺院，哪里有不同？那些不同之处，才是超乎我们经验的部分、需要我们去认知的部分，也是能够开启我们心灵的部分。这样探问时，会突破我们对寺院狭隘的想象，那些朦胧模糊的印象，会慢慢地变得清晰起来。

有一天，我看到负责厨房的居士从坡地上抱来一抱青菜。冲洗后，菜叶干干净净，然而其中混杂着枯黄的叶片。我走过去，帮她把发黄的菜叶摘出来，正要往垃圾筒里扔，她看到了，笑着阻止："不要扔啊，这个也可以腌酸菜。"

我恭敬地将发黄的叶子放在一边。据说，近代禅宗泰斗虚云长老吃芋头，从来不去皮。如果有僧人去皮，长老会呵斥他"不惜福"。

司厨的居士说她做的是"土菜"，当地口味。知道我们来自北方，不习惯咸辣之后，她在炒菜时减少了放盐、辣椒的量。

厨房的门窗敞开着，偶尔会有苍蝇飞进来，围绕餐桌飞来飞去。寺院没有苍蝇拍，也没有人追打苍蝇。

说到苍蝇，我想起诗人明达讲过的一个故事。

一只苍蝇飞落进僧人的米汤碗里。僧人赶紧用筷子把苍蝇夹出来，放到桌子上，等它慢慢地活动腿脚，伸伸翅膀飞走了。僧人端着碗继续喝汤。

明达问："这样是不是不卫生？"

"这是一碗汤。倒掉了可惜啊。"

"苍蝇是害虫，你为什么不打它？"

"众生平等。它是一条命啊。"

有时，苍蝇想落到饭菜上，有人伸手驱赶它，它马上高高飞起。掠过我的脸庞时，它翅膀的扇动，也带来些许的凉意呢。

飞舞的苍蝇，还让我想到日本俳句诗人小林一茶的诗。

《无题》：佛陀将白天的蚊虫 / 藏在背后
《无题》：不要打啊 / 苍蝇搓他的手 / 搓他的脚呢
《归庵》：笠上的苍蝇 / 比我更早地飞进去了

小林一茶以一切生物为弟兄，为朋友，他的诗句中，慈悲的心胸、超然的逸气，凡俗之辈真是难以仿效。

吃素，很合我的胃口。同行的南泉、南溪几天下来，却暗暗叫苦，用南泉的话说"口中要淡出个鸟来了"。

中午，宗学法师差人送我们到九华街上的曾福兴饭庄。南泉、南溪点了两个带肉的菜，我点了个素炒的菜、一份青菜煮面。

粉白的墙壁，可坐四人的小方桌，结实耐用的椅子，曾福兴的布置简单、实用、紧凑。

靠窗的餐桌旁，坐着一位年轻、苗条的女子。她的背包放在身边的空椅子上，背包上放着一顶深蓝色的太阳帽。她穿着宽松的衣服，用手托着下巴，正望着窗外发呆。

她背对着我，我看不清她的面庞，只看到她梳理得很齐整的马尾辫。从装束看，她像是刚来到九华街，或刚从山上走下来。

她眼前的桌子上，摆放着一饭、一菜、一汤。

一个单身女人，一次孤独的行旅。在喧闹的饭店中，她显得格外安静。

她端起茶杯。我看到，她的手微微颤抖。

我常常有一种冲动，为我所遇见的人编故事。强烈的好奇心，迫使我猜想他们过的是一种怎样的生活，他们的籍贯、姓名，此时此刻来这里做什么，在想些什么，在生活中有什么欣喜，有什么遗憾，他们期求什么，曾有过怎样的恋情，梦想又指向何方……

然而此刻，我没有去虚构她的故事。

在九华数日，我发现，如果对旅行地没有足够的了解，迫不及待鲁莽前行，只会造成时间和经济上的浪费。纷至沓来、令人目不暇接的风景，像缺了一根线贯穿而散乱一地的珍珠。因此，仅凭靠热情去旅行，是一件愚蠢的事。

对旅行者来说，出门在外，异地风情会带来短暂的欢愉，而随之而来的孤独，却是最常见的感受。在客舍，在行旅，在山间，在水边，人往往会生起怀乡的思绪。人毕竟不能像蜗牛那样，在漂泊中，把家背在身上。

云水四处的禅者，应该不会染上怀乡病。因为他们知道，途中即家舍，家舍在途中，大地处处道场。

曾有人问苏格拉底："你从哪里来？"

苏格拉底说："我知道你想问什么。不过我告诉你，我来自世界，而非雅典。"

"生活在别处"，这句话出自法国诗人兰波笔下。这个充满哲理的句子，是这位19世纪的天才诗人用一生时间为之努力争取的梦想。

当年，这句话被兰波写在了巴黎大学的墙壁上，随后的数十年间，并没有多少人知道。捷克作家米兰·昆德拉将这句话用作小说的书名，随即世人皆知了。

近年来，我接触了不少禅修者。其中不乏我的读者。就某些问题进行探讨时，我发现，虽然学禅时间有长有短，有的人刚皈依，有的人学禅半年，有的人学禅多年，但许多人没得到禅的受用。

"受用"，辞典上解释为享受，得到好处。在禅林中，指享用，又指灵活运用机法。如，达于自由自在之境地，能随己意而任运自如，称为"受用如意"；又如，学禅的人得到禅师点化后，顿然开悟，不再受任何的系缚，称为"受用不尽"。

我们实践释迦佛的教导，也应以有无受用作为衡量的标准。

习禅者是否得到了受用呢？这里有三个提问。

一、你的身体是否变得轻松安详？

二、你的心灵是否变得开放平和？

三、在待人接物中，你是否充满喜乐？

许多人的回答，并不令人乐观。

有时，我这样提醒同修者："如果一个也没有体会到，请你马上反省一下。对照释迦佛的教导，查一查哪里出了问题，不要在错误的路上狂奔，停下来，就是进步。如果能体会到一个，说明你已得到了受用。如果能体会到三个，我要恭喜你，因为你不但前进的方向对了，而且非常精进。"

之所以这样说，是因为人无法"生活在别处"，也不可能禅修在别处。

释迦佛好比拥有一座花园的人，园中种满莲花。我们都很羡慕他园中的莲花，甚至梦想享受园里的芬芳。释迦佛告诉我们，每个人都可以拥有自己的莲花园。但要从此时此地开始，从身边开始，一棵一棵地种植莲花。等到莲花开放时，不必到他的花园里，也已生活在花香之中。

　　有一天，看着大觉寺后院斋堂升起的炊烟，我仿佛看到了母亲伸长的臂膀；身边草丛中的蟋蟀声，像秋天遗落的一只鞋子。

　　写下《神曲》的但丁说："我在生命旅程的中途，醒来时发现，自己苍茫独立于幽暗的林间。"

　　是什么力量牵引我，来到这里，深入缘起之门，了解生之奥秘？此刻的心，仿佛刚出生的婴儿，既有新生带来的痛苦，又有新生带来的喜悦。这份奥秘一直存在着，只是我们只有在静观落日时，或在汲汲营生的过程中稍得喘息的片刻，才能体会到。

　　既然已经明白"途中即家舍，家舍在途中"，该回去的时候到了，那就回去吧。离开家门，出门游荡，是一场探险；回归家园的归乡之旅，又何尝不是？当代禅门宗匠净慧长老形象地比喻说："皈依之前，是'日暮乡关何处是，烟波江上使人愁'；皈依之后，是走在回家的路上。"但是，我们是否能够保证，在回家的路上，保持觉照，不致迷失呢？

　　离开九华的路上，我想到，此行忘记了一件事。纵然无法把九华装进行囊，但可以在龙溪找一块花纹美丽的小石头带回家。

　　释迦佛应该在距离你三座山远的地方。
由于有崇山峻岭的阻隔，你想见释迦佛就先
要不辞劳苦地跋涉。在翻山越岭的跋涉中，
即便你还没有见到释迦佛，你已经在感受释
迦佛的智慧与慈悲了。

古人有"记事珠"。我则有多块"记事石"。

去文殊菩萨道场五台山参访时，我从山野间捡到一块四四方方的小石头，在烈日曝晒之下，它依然凉丝丝的。我称之为"清凉石"。去江西井冈山时，我捡到一块如同微缩山峰的小石头，上面还有一道白纹，如同流动的河。在甘肃兰州，我到黄河边捡了一块巴掌大的石头，它已经被河水冲刷得没有了棱角，并且整体浸黄了，像一块凝固的土。在河北的沙河，我与朋友到大河滩上翻石头，在一块粗糙的梨皮石上，见到了一颗带蔓的瓜，我把它带回了家。在广东南澳岛遭遇台风的日子，漫步海边，倾听潮音，我捡了一块南海石；乘飞机时，这块石头曾令安检人员虚惊一场。

这些石头，小一些的，摆在书架上。大一些的，摆在家中角落。不经意间看到它们，会想起一段段美好的日子。

然而，此行我竟然忘了带一块九华石回家。

一花一世界，一石一真如。

在法国梅村国际禅修中心，一行禅师经常和来自世界各地的孩子参"石头禅"。他带孩子们到山野间散步，要求每个小孩都要寻找四颗美丽的小石头。这四颗石头，分别代表四种元素：花朵、山、水和空间。每种元素，象征一种禅坐的特质。通过这四块小石头，禅师让孩子们的禅修生动有趣。

一行禅师告诉孩子们："禅修时，我们像花一般清新，像高山一般屹立不移，像水一样映照着事物的本性，也要能感受到心灵深处空间的博大。"

我的朋友、画家熊亮，经常带着女儿到郊外捡石头。偶然发现一些形状有趣的小石头，会令这对父女欣喜若狂。捡到喜欢的小石头，不是目的，而是好玩的开始。熊亮和女儿共建了一个"小石头剧场"。他和女儿趴在地板上，为一块块的小石头梳妆打扮，画上眉毛、眼睛、嘴巴、鼻子、耳朵、胡子、头发，让它们成为有趣的"石头人"。他和女儿一起编排故事，让这些"石头人"成为剧中响当当的主角。

"让孩子从一块小石子的花纹中看到世界，比给她一只玩具要好。"熊亮说。

禅门多奇石。因此，古代禅师概括出"石之五德"：一、石无言而能言；二、石沉着而有灵气；三、经雨打风吹，石坚固不移；四、石质坚无怨，无论是用来完成高楼大厦，还是用来铺路；五、石之美，对于前来观看者是平等的，它不会因为观者是权贵就满脸媚态，也不会因观者是贫寒之士就颐指气使。

听了我诉说的遗憾，宗学法师笑着说："这样也好。遗憾是个念想，也是一颗种子，它会让你不时地想念起九华山。你下次再来时，记着把这个遗憾补上吧。"

我笑着点了点头。

我不知道，想从九华山带走一块小石头，是不是贪欲。如果是，忘记带走一块石头，也是有因缘的。这好比一只饥饿的小老鼠，穿过缝隙，钻进竹筐，偷吃里面的食物。等吃饱了，想钻出去时，它发现肚子胀胀的，已经不可能出去。它只有重新饿扁了肚子，才能拥有出去的机会。

在《法华经》中，释迦佛指出"是法住法位，世间相常住"。佛法就是活法。禅者的境界也同样体现在日常生活之中。一颗真正觉醒的心，犹如纹丝不动的石头，无论得到或失去，无论欢喜或讨厌，它都如如不动。

德国哲学家叔本华说，人生的欲望犹如钟摆，得不到时在痛苦的这一端，得到了在无聊的那一端。

既然没得到这块想象中的小石头，我就不必为之痛苦了。因为，快乐是鸟，越快乐，鸟儿飞得越远；痛苦是根，越痛苦，根扎得越深。

对于这块小石头，我既不想住于得，也不想住于失。

不执着于拥有的期待，也不执着于失去的懊恼。有些像佛法中的"空有不二"。

"空有不二"，被称作"般若直观"，或"中观"。中观，是释迦佛教导的观察世界的思考方式。

"中观"即正见，是释迦佛思想的精髓之一。如《心经》"色不异空，空不异色，色即是空，空即是色"，不执着于色、空的任何一端。从这一点说，中观与儒家"不偏之谓中，不易之谓庸"的中庸，貌似有相通之处。其实不然。中观既不住于两端，也不住于中间，它拒绝"不偏不倚、调和折中"的立场，主张"非有非无，有无俱遣"。以"庄严佛土"为例，在《金刚经》中，释迦佛明白地说："如来说庄严佛土者，即非庄严，是名庄严。"

以凸出路面的石头为例，有的人说那是绊脚石，有的人说那是垫脚石，或者其他的说法。这些说法之间，究竟哪一个是对的？观点的对立，并不意味着思想的中断。美国学者爱德华·萨义德认为，对传统与现代，必须排除"非此即彼"（either/or）的思维方式，而代之以十分有趣又令人兴奋的方式——"即此且彼"（and/and）。

不偏倚于任何一方，平等地看待它们，这个主张，有点中观的味道。当然，对中观的认知，不能依靠思辨，而要用行动与体证。如德国现象学家伽达默尔指出的那样，"理解永远是不同的理解，理解的过程永远不会最终完成"。

经过柯村大愿文化苑时，南泉、南溪都想再拍一下地藏菩萨大铜像。

车停在路边。下车后，望着远处云遮雾绕的群峰，我合十低眉。心里有几分难舍，如果说九华山是我的精神故乡的话，我要开始远离它了。

就在难舍之情生起的瞬间，我想到了这样一句话。

禅师说："释迦佛应该在距离你三座山远的地方。由于有崇山峻岭的阻隔，你想见释迦佛就先要不辞劳苦地跋涉。在翻山越岭的跋涉中，即便你还没有见到释迦佛，你已经在感受释迦佛的智慧与慈悲了。"

如果你在九华山住过几天，如果你有幸对地藏菩萨的大愿有所体会，那么，此生之中，无论你身在何方，九华山、地藏菩萨都和你在一起。

路边的沙石间，有块精美的小石头，静静地躺着。我看到它了，但没有俯身去捡。

因为此时的我，想到了另一个故事。

山脚下，一位禅修者看到一座古旧的佛塔。塔旁有个路标，写着"通往最美的佛境"。路标指向上山的小道。

走过千层石阶，禅修者走到了半山腰，他感觉太累了。

正要放弃，他见到另一个路标，写着"你已经走了一大半，坚持一下，很快就能看到最美的佛境"。

禅修者鼓励自己，继续往上走。

终于，他来到风景优美的山顶。

山顶上，只有一个石质的莲花座。座上并没有佛。

禅修者有点失望，他走过去。

空空荡荡的莲花座上，摆放着一个小木牌，上面写着：

"在这里，如果你没有见到最美的佛境，请下山，继续禅修。"